KB272547

K-Food,
눈과 입이 즐거운 한국어

책임 집필 위원

박진환
러시아 상트페테르부르크국립대학교 문학 박사
現 서경대학교 인성교양대학 교수, 글로벌비즈니스어학부 노어전공 주임교수
한국어 교원 1급
저서: 『토픽으로 만나는 시사 한국어』, 『도시 이야기로 배우는 한국어』, 『미용 한국어』 등

권순지
한국외국어대학교 일반대학원 국어국문학과 박사과정 수료
現 서울대학교 언어교육원 용역강사, 신한대학교 국제교류처 주임강사
대구사이버대학교 한국어다문화학과 강사, 가천대학교 리버럴아츠칼리지 강사
한국어 교원 1급
저서: 『토픽으로 만나는 시사 한국어』, 『도시 이야기로 배우는 한국어』

K-Food, 눈과 입이 즐거운 한국어

초판 인쇄 2026년 2월 13일
초판 발행 2026년 2월 25일

지은이 박진환 · 권순지
펴낸이 박찬익 | **책임편집** 권효진 | **편집** 이수빈
펴낸곳 (주)박이정출판사 | **주소** 경기도 하남시 조정대로45 미사센텀비즈 8층 F827호
전화 031)792-1195 | **팩스** 02)928-4683 | **이메일** pijbook@naver.com
홈페이지 www.pijbook.com | **등록** 2014년 8월 22일 제305-2014-000029호
ISBN 979-11-7497-022-0 (03710) | **가격** 20,000원

K-Food,
눈과 입이
즐거운 한국어

박진환 · 권순지 **지음**

박이정

　　다문화가 일상이 된 오늘, 예나 지금이나 세계인의 삶에서 가장 중요한 것 중 하나가 바로 '음식'이다. 음식은 생존을 넘어 각 나라의 정체성과 기억, 공동체의 서사를 이어주는 언어다. 이 '언어'를 통해 한국의 식문화는 세계 무대에서 빠르게 존재감을 드러내고 있다. 2026년 1월, 농림축산식품부 발표에 따르면 2025년 'K-Food' 수출은 사상 최고치인 136억 달러를 돌파했고, 2025년 공개된 넷플릭스 애니메이션 'K-Pop Demon Hunters'의 글로벌 흥행은 대중음악, 애니메이션, 스토리텔링이 결합된 한류의 파급력을 재확인하게 했다. 이러한 문화적 확산은 학습 수요로 이어져 2025년 9월 기준 전 세계 TOPIK 지원자가 약 55만 명에 이르는 등 한국어가 글로벌 교류의 실용 언어로 자리매김하고 있음을 보여 준다. 이처럼 많은 학습자들이 한국과 한국어를 더 깊이 알고자 하는 현실에 비해 한국어 관련 교재 대부분은 문법 위주에 머무르고 있는 실정이다. 본 교재는 바로 이 지점에서 출발했다. 한식을 매개로 음식 문화, 사회, 도시의 맥락을 함께 읽고 말하고 쓰게 함으로써 실제 담화 역량뿐만 아니라 한국을 이해하는 데 초점을 두었다.

　　'K-Food, 눈과 입이 즐거운 한국어'는 한식을 주제로 중급 수준 이상의 학습자가 흥미롭게 한국어를 학습할 수 있게 설계한 교재다. 총 24과로 이루어진 본 교재는 크게 두 개의 대단원으로 구성되어 있다. Part1 '음식과 문화'에서는 그동안 한국어 교재에서는 보기 어려웠던 한국의 음식 문화를 주제로 한국인의 삶의 주기에 따라 음식이 담고 있는 의미와 한국 문화의 특성을 학습할 수 있도록 했다. Part2 '음식과 도시'에서는 한국인에게 친숙한 대표 음식과 그 음식으로 대표되는 도시를 연결하여 지역성과 스토리텔링을 통해 한국어 학습 및 문화적 배경지식을 향상시킬 수 있도록 했다.

이처럼 한식을 매개로 한 본 교재는 단순히 어휘와 문법의 습득을 넘어 맛, 상차림, 도시 등 한국인의 삶 속에서 한국어로 말하고 쓰고 읽는 실제적 경험을 제공한다. 강의실 안에서는 학습자가 실생활에서 자주 만나는 한식에 대한 정보와 문화를 통해 읽기와 의사소통 능력을 기르고, 강의실 밖에서는 한식, 도시, 문화라는 한국의 삶 속에서 생생한 한국어를 실제로 사용할 수 있을 것이다. 한국어 학습이 단지 머리만이 아닌 실제 한국 생활 또는 자국에서 '눈과 입이 함께 즐거운 경험'으로 이어지기를 희망한다. 자, 이제 밖으로 나가 한식과 문화를 경험해 보자.

마지막으로 이 교재가 세상에 나오기까지 노고를 아끼지 않은 박이정 출판사, 언제나 사랑으로 응원을 보내준 가족에게 깊은 감사를 표한다.

2026년 1월
흰 눈이 내리는 날에
박진환, 권순지 씀

　본 교재는 한 학기 수업을 기준으로 총 24과로 구성하였다. 각 과는 대학 수업 1.5시간(90분) 진행을 염두에 두고 집필했다. 3학점 수업의 경우, 주당 2과의 수업 진행을 권장한다. 각 과는 '이야기해 봅시다, 어휘, 문법, 읽기, 대화, 쓰기/레시피로 구성되었다. 중급 수준의 어휘와 문법은 '국제 통용 한국어 표준 과정(2020)'을 기준으로 선정했다

함께 이야기해 봅시다: 주제 활성화 및 배경지식

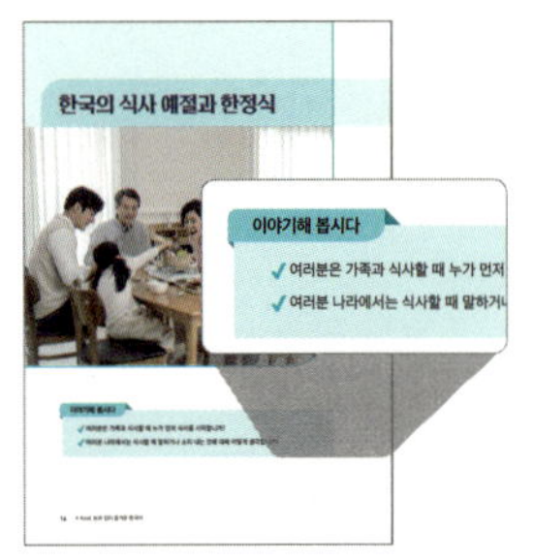

수업의 도입부에 해당한다. 본격적인 수업에 앞서 간단한 질문이나 그림, 영상 등을 활용해 주제를 활성화하고 배경지식을 끌어낼 수 있다. 학습자의 개인 경험을 연결해 동기를 높이고 본과의 핵심을 제시한다.

어휘: 읽기 주제 이해 및 확인 연습

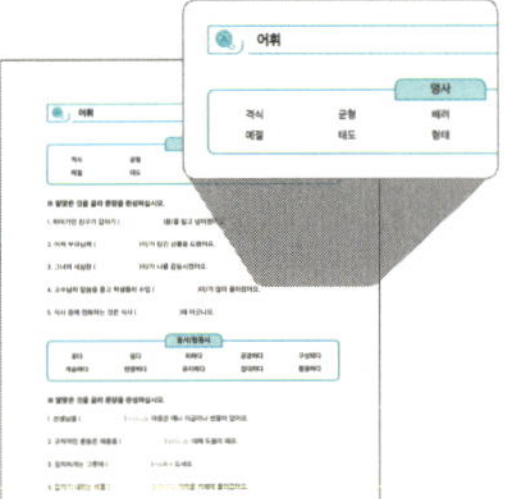

　읽기 텍스트의 중심이 되는 중급 수준의 필수 목표 어휘를 제시하였다. 문장 속에서 형태가 변하지 않는 체언과 수식언, 형태가 변하는 용언으로 구분해 제시하여 학습자가 의미뿐만 아니라 형태와 기능을 자연스럽게 익힐 수 있도록 하였다. 또한 빈칸 채우기 등의 활동을 통해 어휘의 의미와 용법을 자연스럽게 익힐 수 있도록 하였다. 어휘 학습에 초점을 맞추기 위해 체언과 수식언의 경우에는 조사를 제시하였고, 용언의 경우에는 연결어미와 종결어미를 제시함으로써 학습자의 학습 부담을 줄였다.

문법: 중급 문법의 의미, 형태, 담화 기능 학습

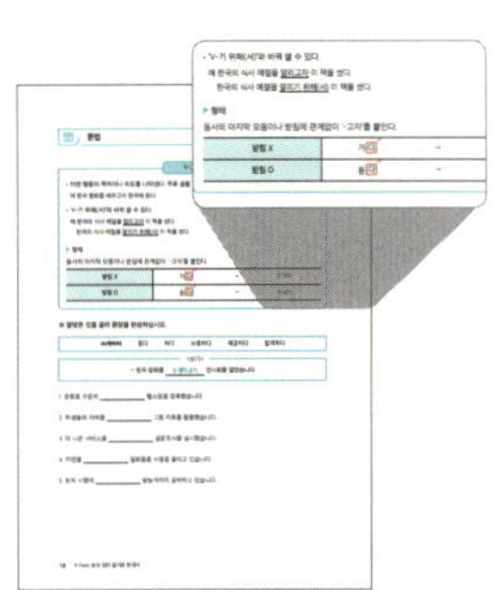

　일상생활과 사회생활에서 필요한 중급 수준의 필수 문법을 중심으로 구성하였다. 또한 문법의 의미와 기능뿐만 아니라 학습자가 오류를 범하기 쉬운 불규칙 용언 활용과 담화 맥락에서의 쓰임도 함께 제시하여 학습자가 좀 더 확실하게 문법을 익힐 수 있도록 하였다. 또한 연습 문제를 통하여 학습자가 확실하게 해당 문법을 이해하고 사용할 수 있게 하였다. 홀수 과에서는 본문 읽기에서, 짝수 과에서는 속담 및 관용 표현의 대화문에서 필수 문법을 활용한 문장을 제시함으로써 문법 사용에 대한 학생들의 이해를 도왔다. 또한 혼동하기 쉬운 유사 문법도 함께 제시하여 학습자들이 해당 문법들의 공통점과 차이점을 명확히 이해하며 익힐 수 있도록 하였다.

읽기: 음식, 문화, 도시 자료를 통한 폭넓은 이해

한국인들이 자주 접하는 음식과 문화, 도시를 배경으로 한 흥미롭고 유용한 내용으로 구성하였다. 이를 통해 학습자는 한국의 음식 문화와 더불어 한국인의 일상, 가치관, 도시와 음식과의 관계를 이해할 수 있다. 이 과정에서 학습자는 독해 능력을 강화할 수 있다. 더 나아가 읽기에서 익힌 표현과 아이디어를 대화와 쓰기 활동에 접목하여 문화 간 비교 사고까지 확장하도록 돕는다.

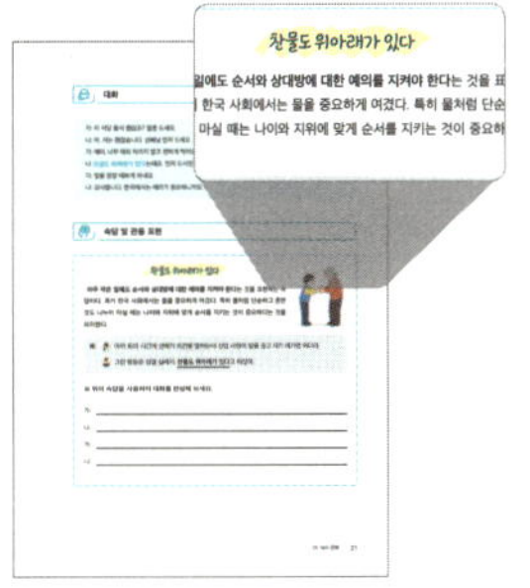

대화: 읽기 주제와 관련된 속담 및 관용 표현 학습

본 과에서 다루어진 음식과 관련된 속담 및 관용 표현을 제시하였다. 속담이나 관용 표현을 제시하기 전에 실제 상황과 유사한 짧은 대화문을 제시하여 의미를 파악할 수 있게 하였다. 이어 의미 설명과 예시로 학습자의 정확한 이해를 돕고 직접 짧은 대화문을 작성함으로써 해당 표현의 활용도를 높일 수 있다.

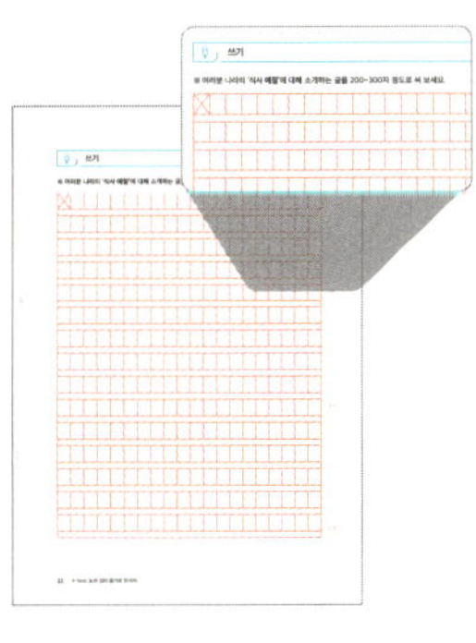

쓰기: 홀수 과의 주제 관련 글쓰기

홀수 과를 중심으로 마무리 단계에서 쓰기 활동을 할 수 있게 하였다. 각 과에서 제시된 주제에 대해 자국의 음식이나 문화를 글로 정리해 보는 활동을 통해 학습자는 글을 구성하고 자신의 생각이나 정보를 전달하는 데 있어 논리적으로 표현하는 연습을 할 수 있다. 이 과정은 작문 실력, 적절한 어휘 능력, 문법 사용 능력을 향상시키는 동시에 다양한 표현력을 기를 수 있다.

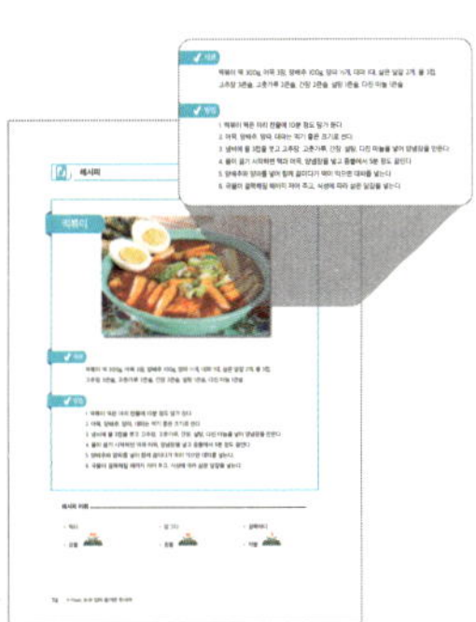

레시피: 짝수 과의 주제 관련 한식 레시피

짝수 과의 마무리 단계에서는 해당 과의 대표 음식과 관련된 한식 레시피를 제시하였다. 학습자는 재료, 조리 순서, 주의 사항 형식의 레시피 텍스트를 접하면서 '먼저, 그다음, 마지막으로'와 같은 연결 표현과 '재우다, 데치다, 간을 맞추다' 등과 같은 조리 어휘를 익힐 수 있다. 레시피에서 제시한 어휘는 본문의 어휘에 포함하지 않고 별도로 구성하였다. 수업 마무리 단계에서 교수자는 유튜브 등과 같은 관련 요리 영상을 활용하면 학습 흥미를 더욱 높이고 조리 과정에 대한 학습자의 이해를 도울 수 있다.

음식과 문화	이야기해 봅시다	주요 어휘	문법
1. 식사 문화	식사 예절	식사 문화 관련	V-고자
2. 결혼 문화	결혼식 음식	결혼 문화 관련	A/V-도록
3. 잔치 문화	잔치 음식	잔치 문화 관련	V-다가 V-았/었다가
4. 출산 문화	출산 후 음식	출산 문화 관련	A/V-아/어도
5. 배달 문화	배달 음식	배달 문화 관련	V-느라고
6. 이사 문화	이사 후 음식	이사 문화 관련	A/V-더니 V-았/었더니
7. 거리 문화	길거리 음식	거리 문화 관련	A/V-더라도
8. 포장마차 문화	포장마차 음식	포장마차 문화 관련	A/V-(으)ㄹ 뿐만 아니라
9. 계절 문화	계절 음식	계절 문화 관련	A/V-(으)ㄹ 테니(까)
10. 보양식 문화	보양식	보양식 문화 관련	A/V-(으)ㄴ/는 반면에
11. 기원 문화	기원을 담은 음식	기원 문화 관련	A/V-(으)나 마나
12. 장례 문화	장례식 음식	장례 문화 관련	V-다시피 V-다시피 하다

읽기	대화 (속담 및 관용 표현)	쓰기 / 레시피
한국의 식사 예절과 한정식	찬물도 위아래가 있다	식사 예절 소개글
국수 한 그릇에 담긴 결혼의 의미	검은 머리가 파뿌리가 되도록	잔치 국수
한국 잔치 문화의 세계화	(남의 집 잔치에) 감 놓아라 배 놓아라 한다	잔치 음식 소개글
새 생명을 축하하는 푸른 미역과 붉은 팥	미역국을 먹다	잡채
한강에서 만나는 특별한 배달 문화	종로에서 뺨 맞고 한강에서 눈 흘긴다	음식 배달 문화 소개글
새집에서 먹는 첫 음식, 짜장면	콩 심은 데 콩 나고 팥 심은 데 팥 난다	짜장 라면
한국의 길에서 만나는 음식	떡 줄 사람은 생각도 안 하는데 김칫국부터 마신다	길거리 음식 문화 소개글
퇴근길, 따뜻한 국물과 소주 한 잔	놓친 물고기가 더 커 보인다	떡볶이
한국의 계절이 담긴 음식	붕어빵 같다	계절 음식 소개글
힘이 나는 삼계탕과 곰탕	꿩 대신 닭	곰탕
음식에 담긴 합격 기원	누워서 떡 먹기	기원을 담은 음식 소개글
슬픔을 함께 나누는 육개장	삼가 고인의 명복을 빕니다	육개장

읽기	대화 (속담 및 관용 표현)	쓰기 / 레시피
서울의 맛, 불고기	소 잃고 외양간 고친다	수도를 대표하는 음식
수원 여행의 즐거움, 갈비	소 귀에 경 읽기	불고기
춘천, 닭갈비와 막국수	닭 잡아먹고 오리발 내민다	닭으로 만든 대표 음식
대전의 자부심, 빵	구슬이 서 말이라도 꿰어야 보배다	닭갈비
전통이 살아 있는 안동, 찜닭과 소주	물에 물 탄 듯 술에 물 탄 듯	전통 술
대구, 바삭한 치킨과 시원한 맥주의 만남	닭 쫓던 개 지붕 쳐다본다	치킨 무
아름다운 항구 도시 통영과 충무 김밥	고래 싸움에 새우 등 터진다	대표적인 수출 식품
바다 도시 여수의 갓김치	파김치가 되다	오이소박이
목포, 탕탕이와 홍어삼합	사공이 많으면 배가 산으로 간다	향이 강한 음식
K-Food의 대표, 전주비빔밥	금강산도 식후경	비빔밥
광주, 떡갈비와 육전 그리고 상추튀김	보기 좋은 떡이 먹기도 좋다	역사적인 인물이 좋아했던 음식
돌, 바람, 여자 그리고 제주의 맛	말은 나면 제주로 보내고 사람은 나면 서울로 보내라	떡갈비

목차

PART 1
음식과 문화

01
식사 문화

한국의 식사 예절과 한정식

✔ 여러분 나라에서는 가족과 식사할 때 누가 먼저 식사를 시작합니까?

✔ 여러분 나라에서는 식사할 때 말하거나 소리 내는 것에 대해 어떻게 생각합니까?

명사				
격식	균형	배려	수저	식탁
예절	태도	형태	정성	밥상머리 교육

※ 알맞은 것을 골라 문장을 완성하십시오.

1. 뛰어가던 친구가 갑자기 ( )을/를 잃고 넘어졌어요.

2. 어제 부모님께 ( )이/가 담긴 선물을 드렸어요.

3. 그녀의 세심한 ( )이/가 나를 감동시켰어요.

4. 교수님의 말씀을 듣고 학생들의 수업 ( )이/가 많이 좋아졌어요.

5. 한국에서 식사 중에 밥그릇을 들고 먹는 것은 식사 ( )에 어긋나요.

동사/형용사				
꽂다	덜다	피하다	공경하다	구성되다
계승하다	반영하다	유지하다	접대하다	활용하다

※ 알맞은 것을 골라 문장을 완성하십시오.

1. 선생님을 ( )-(으)ㄴ/는 마음은 예나 지금이나 변함이 없어요.

2. 규칙적인 운동은 체중을 ( )-(으)ㄴ/는 데에 도움이 돼요.

3. 김치찌개는 그릇에 ( )-아/어서 드세요.

4. 갑자기 내리는 비를 ( )-(으)려고 가까운 카페에 들어갔어요.

5. 사장님은 외국 손님에게 한정식을 ( )-았/-었어요.

V-고자

- 어떤 행동의 목적이나 의도를 나타낸다. 주로 글을 쓸 때 사용한다.

  예 한국 문화를 <u>배우고자</u> 한국에 왔다.

- 'V-기 위해(서)'와 바꿔 쓸 수 있다.

  예 한국의 식사 예절을 <u>알리고자</u> 이 책을 썼다.

  한국의 식사 예절을 <u>알리기 위해(서)</u> 이 책을 썼다.

▶ 형태

동사의 마지막 모음이나 받침에 관계없이 '-고자'를 붙인다.

받침 O	듣다	→	듣고자
받침 X	가다	→	가고자

※ 알맞은 것을 골라 문장을 완성하십시오.

소개하다	돕다	하다	보호하다	제공하다	합격하다

<보기>

→ 한국 문화를 <u>소개하고자</u> 전시회를 열었습니다.

1. 운동을 꾸준히 _____________ 헬스장을 등록했습니다.

2. 학생들의 이해를 _____________ 그림 자료를 활용했습니다.

3. 더 나은 서비스를 _____________ 설문조사를 실시했습니다.

4. 자연을 _____________ 일회용품 사용을 줄이고 있습니다.

5. 토픽 시험에 _____________ 밤늦게까지 공부하고 있습니다.

※ 다음은 '**한국의 식사 예절과 한정식**'에 관한 글입니다.

한국인의 전통 밥상

　나라마다 고유한 식탁 예절이 있듯이 한국에도 오랜 전통과 문화를 반영한 식사 예절이 있다. 한국의 식사 예절은 존중과 배려 그리고 공동체 의식을 중심으로 한다. 특히 나이와 지위에 따라 예의를 지키는 것이 중요하다. 보통 식사 자리에서는 나이가 가장 많은 어른이 먼저 수저를 들기 전까지 식사를 시작하지 않고 어른이 식사를 시작하면 그 뒤를 이어 함께 먹는다.

　한국 전통 식사의 기본은 밥, 국 또는 찌개, 김치, 나물, 생선, 전, 장류 등 다양한 반찬이 함께 나오는 '반상 차림'이다. 여러 사람이 한 상에 둘러앉아 음식을 함께 나누어 먹는다. 반찬은 가운데 놓고 젓가락이나 숟가락으로 덜어 먹는 것이 예의다. 식사 중에는 말을 줄이고 조용한 태도를 유지하는 것이 좋다. 또한 젓가락을 밥 위에 꽂는 행위는 제사에서만 사용하는 방식이기 때문에 반드시 피해야 한다.

　식사 문화는 '밥상머리 교육'이라는 개념으로 이어진다. 밥상머리 교육은 식사 시간을 통해 예절, 공경, 나눔의 가치를 배우는 과정이다. 가족이 함께 식사하면서 어른을 공경하는 태도와 올바른 말투 그리고 감사의 표현 등을 자연스럽게 익히게 된다.

　이러한 한국의 전통을 현대적으로 계승한 음식이 바로 '한정식'이다. 한정식은 한국식 정찬으로 다양한 반찬이 깔끔하게 차려진 격식 있는 한식 상차림이다. 한정식은 귀한 손님을 정성껏 **접대하고자** 조선 시대 양반가나 궁중에서 내놓았던 음식 문화에서 시작되었다. 한정식은 계절 식재료를 활용해 맛과 영양의 균형을 고려한다. 전통적인 반상 차림을 기본으로 밥, 국, 김치 외에 구이, 찜, 조림, 후식 등 여러 요리가 코스 형태로 구성된다.

　오늘날 한정식은 외국 손님을 접대하거나 가족 모임, 기념일 같은 특별한 날에 즐겨 찾는 음식으로 사랑받고 있다. 또한 지역마다 특색 있는 한정식이 발달해 전주 한정식, 안동 한정식, 진주 한정식 등도 인기를 끌고 있다.

　한국의 식사 예절과 한정식 문화는 단순한 식사 행위를 넘어 관계를 소중히 여기고 정성과 예의를 나누는 한국인의 정신을 잘 보여 주는 문화적 상징이다.

1. 한국의 식사 예절에 대한 설명으로 맞는 것은 무엇입니까?

    ① 한국의 식사 예절에서 나이는 중요하지 않다.

    ② 밥 위에 숟가락이나 젓가락을 꽂는 것은 안 된다.

    ③ 대화를 많이 하면서 식사를 하는 것이 기본 예절이다.

    ④ 아이들이 어른보다 식사를 먼저 하는 것이 일반적이다.

2. 윗글의 내용과 같은 것은 무엇입니까?.

    ① 한국에서는 한정식을 평일에 자주 먹는다.

    ② 식사할 때는 반찬을 덜어서 먹는 것이 좋다.

    ③ 한국의 식사 예절은 한국인의 정신과는 관계가 없다.

    ④ 한정식은 한국의 전통음식이 아니고 외국에서 들어왔다.

3. 식사 시간을 통해 예절, 공경, 나눔의 가치를 자연스럽게 배우는 교육을 무엇이라고 합니까?

MEMO

가: 이 식당 음식 맛있겠죠? 얼른 드세요.

나: 아, 선배님 먼저 드세요.

가: 에이, 너무 예의 차리지 말고 편하게 먹어요.

나: **찬물도 위아래가 있다**는데요. 먼저 드시면 저도 먹을게요.

가: 말을 정말 예쁘게 하네요.

나: 감사합니다. 한국에서는 예의가 중요하니까요.

 ## 속담 및 관용 표현

찬물도 위아래가 있다

 아주 작은 일에도 순서와 상대방에 대한 예의를 지켜야 한다는 것을 표현하는 속담이다. 과거 한국 사회에서는 물을 중요하게 여겼다. 특히 물처럼 단순하고 흔한 것도 나누어 마실 때는 나이와 지위에 맞게 순서를 지키는 것이 중요하다는 것을 의미한다.

> 예 아까 회의 시간에 선배가 의견을 말하는데 신입 사원이 말을 끊고 자기 얘기만 하더라.
>
> 그런 행동은 정말 실례지. **찬물도 위아래가 있다**고 하잖아.

※ 위의 속담을 사용하여 대화를 완성해 보세요.

가: ____

나: ____

가: ____

나: ____

※ 여러분 나라의 **'식사 예절'**에 대해 소개하는 글을 200~300자 정도로 써 보세요.

02
결혼 문화

국수 한 그릇에 담긴 결혼의 의미

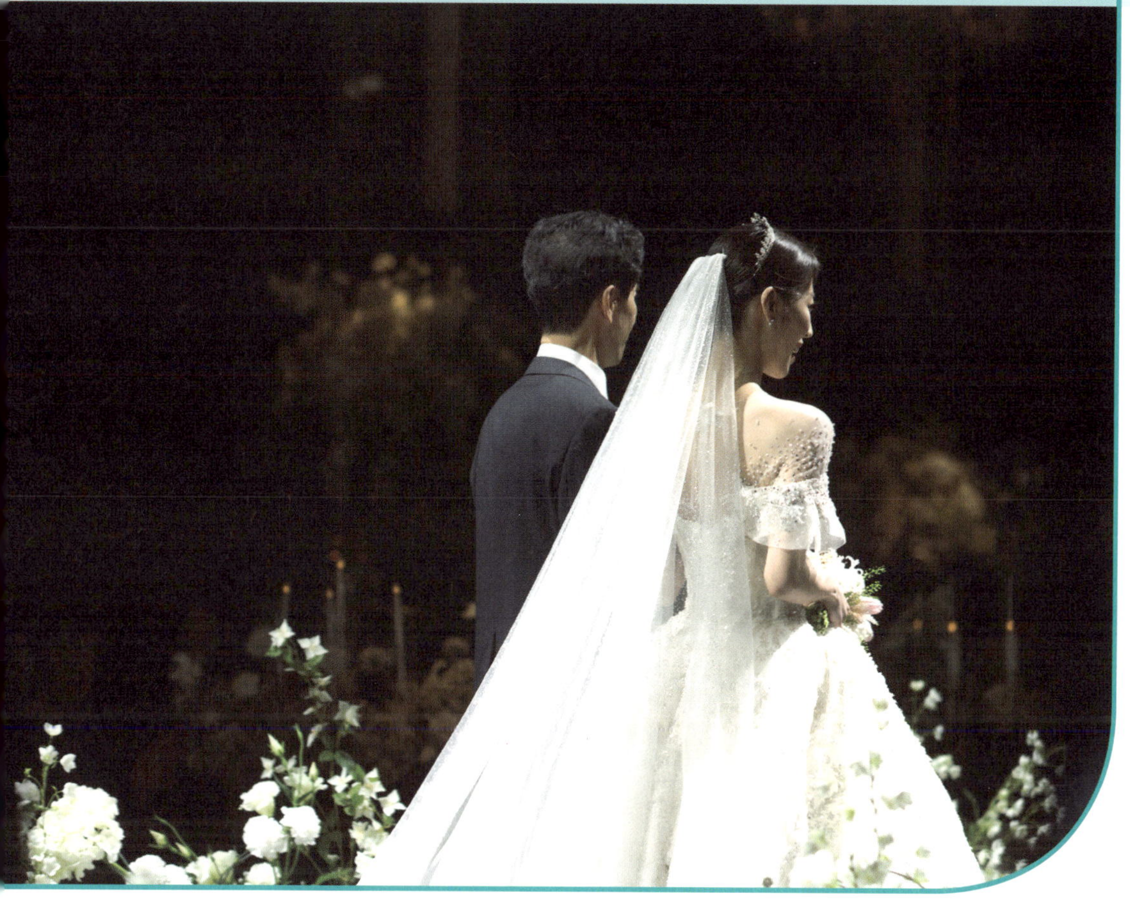

이야기해 봅시다

✔ 여러분 나라와 한국의 결혼식 문화는 어떻게 다른가요?

✔ 여러분 나라의 결혼식에서 먹는 특별한 음식은 무엇인가요?

어휘

명사

면발	인생	소망	수준	장수
축복	하객	결혼식	다양화	잔칫상

※ 알맞은 것을 골라 문장을 완성하십시오.

1. 건강한 식습관과 규칙적인 운동은 (　　　　　　)의 비결이에요.

2. 요즘 생활 (　　　　　　)이/가 올라가면서 해외여행을 가는 사람들이 많아요.

3. 결혼식은 두 사람이 행복하게 잘 살도록 (　　　　　　)을/를 하는 자리예요.

4. 제 (　　　　　　)은/는 가족이 함께 오래오래 건강하게 사는 거예요.

5. 우리 학교에서는 수업 방식의 (　　　　　　)을/를 통해 학생들의 흥미를 높이고 있어요.

동사/형용사

줄다	나누다	담기다	바라다	변하다
옮기다	등장하다	인식되다	적합하다	향상되다

※ 알맞은 것을 골라 문장을 완성하십시오.

1. 무거운 이삿짐을 친구와 함께 (　　　　　　)-았/었어요.

2. 생활 수준이 (　　　　　　)-(으)면서 잔치 음식이 더 다양해졌어요.

3. 세월이 지나면서 도시도 많이 (　　　　　　)-았/었어요.

4. 결혼식 음식에는 두 사람이 오래 함께하기를 (　　　　　　)-(으)ㄴ/는 마음이 들어 있어요.

5. 사진 한 장에는 많은 추억과 감정이 (　　　　　　)-아/어 있어요.

문법

A/V-도록

❖ 어떤 행동의 목적이나 의도를 나타낸다
　예 수업에 늦지 않도록 일찍 자야 한다.

- 'V-기 위해(서)'와 바꿔 쓸 수 있다.
　예 수업에 늦지 않기 위해(서) 일찍 자야 한다.

❖ 행동이 이루어지는 정도나 결과를 나타낸다.
보통 동사와 함께 사용하지만 일부 형용사와도 사용할 수 있다.

　예 신부가 눈이 부시도록 아름다웠어요.
　예 결혼식장 뷔페에서 배가 터지도록 많이 먹었어요.

- 'A/V-(으)ㄹ 만큼', 'A/V-(으)ㄹ 정도로'와 바꿔 쓸 수 있다.
　예 결혼식장 뷔페에서 배가 터질 만큼 많이 먹었어요.
　　결혼식장 뷔페에서 배가 터질 정도로 많이 먹었어요.

▶ 형태
형용사나 동사의 마지막 모음이나 받침에 관계없이 '-도록'을 붙인다.

받침 O	듣다	→	듣도록
받침 X	가다	→	가도록

※ 알맞은 것을 골라 문장을 완성하십시오.

걷다	넘다	잘하다	빠지다	보이다	지나가다

—————— <보기> ——————
→ 아이가 잘 ___걷도록___ 매일 연습시켰어요.

1. 친구를 목이 ________________ 기다렸어요.

2. 글씨가 잘 ________________ 크게 써 주세요.

3. 밤 2시가 ________________ 시험공부를 했어요.

4. 차가 ________________ 옆으로 비키세요.

5. 학생들이 한국어를 ________________ 교수님께서 잘 가르쳐 주셨어요.

※ 다음은 '**국수 한 그릇에 담긴 결혼의 의미**'에 관한 글입니다.

잔치국수

갈비탕

한국의 결혼식에서는 음식이 빠질 수 없다. 오랜 세월 동안 사람들은 결혼이라는 인생의 중요한 순간을 함께 축하하며 음식을 나누었다. 특히 한국에서는 과거부터 결혼식에서 국수를 나누어 먹는 문화가 널리 퍼져 있었다. 길게 뻗은 면발처럼 부부의 앞날도 길고 오래 이어지기를 바란다는 마음이 담겨 있었기 때문이다. 그래서 국수는 '오래도록 함께 잘 살라'는 의미가 담긴 결혼식 음식으로 자리 잡았다.

국수는 조선 시대부터 잔칫상에 자주 올랐으며 특히 결혼식에서는 반드시 준비해야 하는 음식으로 여겨졌다. 긴 면발이 장수를 의미하기도 하고 많은 손님이 함께 나누어 먹기에도 적합했기 때문이다. 또한 비교적 저렴한 비용으로 많은 손님을 대접할 수 있었기 때문에 경제적 부담도 줄어 들었다. 이처럼 한국 결혼식에서 국수는 빼놓을 수 없는 음식이기 때문에 '국수를 먹다'라는 표현이 곧 '결혼하다'라는 의미로 사용되었다.

하지만 시대가 변하면서 결혼식 문화와 함께 음식도 바뀌었다. 20세기 후반 이후 생활 수준이 향상되고 대규모 결혼식장이 등장하면서 국수 대신 하객들에게 갈비탕을 대접하기 시작했다. 갈비탕은 고급스럽고 영양이 풍부하며 결혼식장에서 수많은 하객들에게 제공하기도 편리했기 때문이다. 특히 맑고 따뜻한 국물은 정성과 격식을 상징하며 결혼식의 격을 높여 주는 음식으로 인식되어 오늘날에는 대부분의 결혼식에서 하객들에게 갈비탕을 대접한다. 이처럼 생활 수준의 향상, 음식 문화의 다양화, 하객 접대에 대한 기준의 변화로 결혼식 음식은 국수에서 갈비탕으로 옮겨 갔고 2000년대 이후에는 뷔페를 제공하기 시작했다.

국수 한 그릇에는 '두 사람이 오래도록 함께하라'는 소망이 담겨 있었고, 갈비탕에는 '손님들에게 최고의 음식을 대접한다'는 마음이 담겨 있다. 제공하는 음식은 달라졌지만 축복과 즐거움을 음식과 함께 나누는 마음은 변하지 않고 이어지고 있다.

1. 한국의 결혼식에서 국수를 먹었던 이유로 알맞은 것은 무엇입니까?

　① 국수를 먹으면 건강에 좋다고 믿었기 때문이다.

　② 국수는 비싸고 귀한 음식이어서 특별한 날에만 먹었다.

　③ 국수는 어른들만 먹는 음식이어서 결혼식에 꼭 필요했다.

　④ 국수는 면발이 길어서 부부가 오래 잘 살라는 의미가 들어 있다.

2. 결혼식 음식이 국수에서 갈비탕으로 바뀐 이유가 <u>아닌</u> 것은 무엇입니까?

　① 생활 수준이 향상되었다.

　② 대규모 결혼식장이 일반화되었다.

　③ 국수보다 만드는 시간이 훨씬 짧았다.

　④ 갈비탕은 영양이 풍부하고 격식을 갖추었다.

3. '국수를 먹다'는 무엇을 의미합니까?

MEMO

가: 친구 결혼식에 다녀왔는데 참 인상 깊었어요.

나: 뭐가 인상 깊었어요?

가: "두 사람이 검은 머리가 파뿌리가 되도록 서로 사랑하고 아껴라"라는 말을 들었어요.

나: 아, 정말 전통적인 표현이네요. 평생 함께하라는 의미잖아요.

가: 맞아요. 요즘은 잘 안 쓰는 말 같지만 들으니까 마음이 따뜻해졌어요.

나: 네, 오래된 말이지만 부부의 사랑을 가장 잘 표현하는 말인 것 같아요.

 속담 및 관용 표현

검은 머리가 파뿌리가 되도록

　검은색 머리카락이 나이가 들어 하얗게 변할 때까지, 즉 '죽을 때까지 아주 오래도록'을 표현하는 관용 표현이다. 주로 **부부의 오래된 사랑이나 평생을 함께하겠다**는 다짐을 말할 때 쓰인다.

예 　두 사람은 **검은 머리가 파뿌리가 되도록** 서로 아끼고 사랑하겠습니까?

　네, 영원히 사랑하겠습니다.

※ 위의 관용 표현을 사용하여 대화를 완성해 보세요.

가: ______________________________________

나: ______________________________________

가: ______________________________________

나: ______________________________________

잔치국수

✓ 재료

소면 200g, 멸치 10마리, 다시마 1조각(5×5cm), 양파 ½개, 간장 2큰술, 소금 약간
달걀 1개, 애호박 ½개, 당근 ½개, 김가루 약간, 대파 조금

✓ 방법

1. 멸치, 다시마, 양파를 넣고 20~30분 끓여 국물 맛을 낸다.
2. 소면을 끓는 물에 넣고 삶은 뒤, 찬물에 헹궈 물기를 뺀다.
3. 달걀은 지단으로 만들어 채 썰고, 애호박과 당근은 볶아서 준비한다.
4. 끓인 육수에 간장과 소금으로 간을 한다.
5. 삶은 국수를 그릇에 담고 위에 준비한 재료를 예쁘게 올린다.
6. 뜨거운 육수를 부어 잔치국수를 완성한다.
7. 식성에 따라 김가루, 파, 고춧가루를 뿌려 먹는다.

레시피 어휘

- 지단 
- 육수 
- 가루 

- 볶다 
- 삶다
- 헹구다 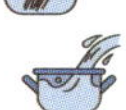

- 맛을 내다 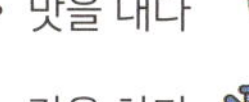
- 간을 하다
- 물기를 빼다 

03
잔치 문화

한국 잔치 문화의 세계화

✔ 한국에는 백일잔치, 돌잔치, 환갑잔치 등이 있습니다. 여러분 나라에는 어떤 잔치가 있나요?

✔ 여러분은 '잔치'라는 말을 들었을 때 가장 먼저 떠오르는 음식은 무엇인가요?

명사				
상온	식감	열풍	응용	조리
조합	취향	간편식	주재료	본격적

※ 알맞은 것을 골라 문장을 완성하십시오.

1. 이 음식은 (　　　　　　　　)에 두면 상할 수 있어요.

2. 저는 두부처럼 부드러운 (　　　　　　　　)을/를 좋아해요.

3. 최근 해외에서 K-food에 대한 (　　　　　　　　)이/가 불고 있어요.

4. 이 아이스크림의 (　　　　　　　　)은/는 녹차예요.

5. 제 친구는 저와 (　　　　　　　　)이/가 비슷해서 대화가 잘 통해요.

동사/형용사				
개선되다	기록되다	넘나들다	담백하다	단축되다
명확하다	풍성하다	완성하다	현존하다	자리를 잡다

※ 알맞은 것을 골라 문장을 완성하십시오.

1. 이 과제를 (　　　　　　　　)-(으)ㄴ/는 대로 교수님께 보내야 해요.

2. 저는 고향을 떠나 한국에 (　　　　　　　　)-았/었어요.

3. 어머니는 기름진 음식보다는 두부 같은 (　　　　　　　　)-(으)ㄴ/는 음식을 좋아하세요.

4. 술과 담배를 많이 하면 수명이 (　　　　　　　　)-아요/-어요.

5. 학교 식당 시설이 (　　　　　　　　)-아/어서 학생들이 더 편리하게 이용하고 있어요.

V-다가

- 어떤 행동을 하던 중에 그 행동을 멈추고 다른 행동으로 바꾸는 것을 나타낸다. (행동 미완료 → 다른 행동)
  예 숙제를 <u>하다가</u> 전화가 와서 잠시 쉬었다.

V-았/었다가

- 어떤 행동이 끝난 뒤에 다른 행동으로 이어지는 것을 나타낸다.
  이때 앞, 뒤 동사는 서로 관련이 있어야 한다. (행동 완료 → 다른 행동)
  예 학교에 **갔다가** 일이 생겨서 바로 집으로 **돌아왔다.**

▶ 형태

동사의 마지막 모음이나 받침에 관계없이 '-다가'를 붙인다.

받침 O	듣다	→	듣다가
받침 X	가다	→	가다가

동사의 마지막 모음에 'ㅏ, ㅗ'가 있으면 '-았다가', 'ㅏ, ㅗ'가 없으면 '-었다가'를 붙인다.

ㅏ, ㅗ O	가다	→	갔다가
ㅏ, ㅗ X	먹다	→	먹었다가
하다	하다	→	했다가

※ 알맞은 것을 골라 문장을 완성하십시오.

듣다	가다	사다	보다	볶다	들어가다	준비하다

──────── <보기> ────────

→ 한국 음악을 <u>듣다가</u> 강의가 시작돼서 바로 껐어요.

→ 커피숍에 <u>갔다가</u> 문을 닫아서 그냥 왔어요.

1. 수업 시간에 유튜브를 ＿＿＿＿＿＿＿ 교수님께 걸려서 혼났어요.

2. 이 채소를 ＿＿＿＿＿＿＿ 채소가 익을 때쯤 육수를 넣으세요.

3. 온라인으로 물건을 ＿＿＿＿＿＿＿ 마음이 바뀌어서 환불했어요.

4. 도서관에서 한국어 시험을 ＿＿＿＿＿＿＿ 잠이 들었어요.

5. 찜질방에 ＿＿＿＿＿＿＿ 너무 더워서 바로 나왔어요.

※ 다음은 '**한국 잔치 문화의 세계화**'에 관한 글입니다.

잡채

K-푸드 열풍과 함께 잡채가 해외에서도 한국을 대표하는 음식으로 주목받고 있다. 상온 보관이 가능한 간편식(밀키트)이 개발되어 해외로 수출이 늘면서 한국의 잔치 문화가 세계인의 식탁으로 퍼지고 있는 것이다.

오늘날의 잡채는 조선 시대에 당면이 없는 음식으로 **시작되었다가** 일제 강점기(1910~1945) 이후 당면이 주재료가 되었다. '잡(雜)'은 섞다, '채(菜)'는 나물을 뜻하는 것처럼 처음의 잡채는 각종 채소와 고기를 가늘게 썰어서 볶은 다음, 섞어서 완성하는 요리였다. 현존하는 최초의 한글 요리책인 '음식디미방(1670)'에도 꿩고기 육수와 각종 채소로 만든 요리법이 기록되어 있다. 조선 15대 임금 광해군(1575~1641) 때, 문신 이충이 잡채를 만들어 임금에게 바쳤는데, 임금은 그 맛에 크게 감탄했다고 한다. 이 일로 그는 '호조판서'라는 높은 자리에 오르게 된다. 사람들은 그를 '잡채를 만들어서 판서가 되었다'고 해서 '잡채판서(또는 잡채상서)'라고 불렀다는 일화도 전해진다.

오늘날의 당면이 들어간 잡채는 일제 강점기 이후 자리 잡았다. 1919년 황해도 사리원에 당면 공장이 세워지면서 중국에서 전해진 당면 제조 기술이 본격적으로 활용되었다. 이때부터 당면이 잡채의 주재료가 된 것이다. 버섯, 당근, 오이, 달걀, 고기 등이 어우러진 잡채는 명절과 잔치에 빠지지 않는 음식으로 발전했다. 잔치상에 잡채가 늘 오르는 이유는 명확하다. 다양한 색과 재료가 모여 풍성함을 보여 주고, 채소와 고기의 균형으로 영양을 갖추면서도 많은 손님들이 함께 나누어 먹기에도 부족함이 없기 때문이다. 또한 담백한 맛과 향으로 남녀노소 누구나 편안하게 먹을 수 있다.

최근에는 간편식을 만드는 기술의 발전으로 조리 시간이 단축되고 면의 식감도 개선되어 해외에서의 접근성이 높아졌다. 당면으로 만든 잡채 외에도 우엉, 부추 등을 면처럼 활용한 레시피가 소개되면서 취향에 맞게 응용을 한 요리가 많아졌다. 해외에서 잡채가 인기인 이유는 간장과 참기름이 만드는 조화로운 감칠맛, 쫄깃한 당면의 식감, 재료 조합의 유연성, 간편한 보관성 때문이다. 여러 재료를 섞는다는 본래의 뜻처럼 잡채는 시대와 지역을 넘나들며 다양한 모습으로 변화하고 있다.

1. 당면이 잡채의 주재료로 자리 잡게 된 이유는 무엇입니까?

   ① 잡채는 처음부터 당면을 사용해 만든 음식이었다.

   ② 최근 간편식이 유행하면서 당면을 사용하기 시작했다.

   ③ 한국 전쟁이 끝난 후에 중국의 도움으로 당면을 사용했다.

   ④ 일제 강점기 이후 중국의 당면 제조 기술이 들어오면서 시작되었다.

2. 잔칫상에 잡채가 자주 오르는 이유가 <u>아닌</u> 것은 무엇입니까?

   ① 채소와 고기의 균형이 좋다.

   ② 많은 손님들이 함께 나누어 먹기 쉽다.

   ③ 잡채의 주재료는 고기라서 아이들이 좋아한다.

   ④ 다양한 색과 재료가 모여 풍성함을 보여 준다.

3. 잡채가 해외에서 인기가 많은 이유는 무엇입니까?

MEMO

가: 지금 뭐 해요?

나: 내일 과제 발표 PPT를 만들고 있어요.

가: 그렇구나. 그런데 색깔은 파란색보다 빨간색이 더 눈에 잘 보일 것 같아요.

나: 글쎄요. 난 차분한 느낌을 주고 싶어서 파란색으로 했는데요.

가: 글자 크기도 좀 더 크게 하고, 제목은 가운데 말고 왼쪽으로 하는 게 더 좋을 것 같고……

나: 이거 제 PPT인데 너무 **감 놔라 배 놔라** 하는 것 같은데요

가: 아, 미안해요.

 **속담 및 관용 표현**

(남의 집 잔치에) 감 놓아라 배 놓아라 한다

다른 사람의 일에 지나치게 간섭하거나 참견하는 태도를 비판적으로 표현하는 속담이다. 잔치는 전통적으로 중요한 가정 행사이기 때문에 손님은 예의를 지켜야 하는 자리이다. 따라서 손님이면서 주인인 듯 간섭하고 참견하는 행동을 하면 안 된다는 의미로 사용된다. 일반적으로 줄여서 '**감 놔라 배 놔라 한다**'로 자주 사용한다.

예 너, 왜 숙제 안 했어? 잠 잤어? 남자 친구와 논 거 아니야? 숙제는 꼭 해야지!

왜 남의 일에 그렇게 신경 써? 내 일에 **감 놔라 배 놔라** 하지 마!

※ 위의 속담을 사용하여 친구와 대화를 완성해 보세요.

가: ____

나: ____

가: ____

나: ____

※ 여러분 나라의 **'잔치 음식'**에 대해 소개하는 글을 200~300자 정도로 써 보세요.

04
출산 문화

새 생명을 축하하는 푸른 미역과 붉은 팥

✔ 여러분 나라에서 아기를 낳은 후에 어떤 특별한 음식을 먹나요?

✔ 여러분 나라에서 생일에 먹는 특별한 음식은 무엇인가요?

 **어휘**

명사				
산모	일생	정서	제사	출산
탄생	풍습	미네랄	생명력	산후조리

※ 알맞은 것을 골라 문장을 완성하십시오.

1. 한국에서는 아기를 낳은 (　　　　　　　　)이/가 건강을 회복하기 위해 미역국을 먹어요.

2. 우리 누나는 결혼과 (　　　　　　　)(으)로 인해 회사를 잠시 쉬고 있어요.

3. 바닷속의 어떤 환경에서도 잘 자라는 미역은 강한 (　　　　　　)을/를 상징해요.

4. 돌아가신 할머니의 (　　　　　)을/를 지내려고 떡을 준비했어요

5. 팥떡과 미역국은 아기의 (　　　　　　)을/를 축복하는 의미를 담고 있어요

동사/형용사				
굳다	귀하다	바뀌다	기념하다	기원하다[01]
물리치다	소중하다	보충하다	전승되다	치유하다

※ 알맞은 것을 골라 문장을 완성하십시오.

1. 땀을 많이 흘리는 여름에는 물을 충분히 (　　　　　　)-(으)ㄴ/는 것이 건강에 좋아요.

2. 옛날에는 쌀이 흔하지 않아 떡은 아주 (　　　　　)-(으)ㄴ/는 음식이었어요.

3. 팥의 붉은색은 나쁜 기운을 (　　　　　)-다/ㄴ/는다는 의미가 있어요.

4. 새해가 되면 많은 이들이 가족의 행복을 (　　　　　)-아/어요.

5. 우리의 전통 음악과 춤은 지역 축제를 통해 현재까지 (　　　　　)-고 있어요.

A/V-아/어도

- 어떤 조건이나 상황에서도 결과가 달라지지 않는 것을 나타낸다.

  예 날씨가 <u>추워도</u> 저는 매일 아침에 운동해요.

- 과거 '-았/었'과 사용하면 실제 상황에서는 일어나지 않은 일에 대한 아쉬움을 나타낸다.

  예 그 사고만 <u>없었어도</u> 지금 잘 살고 있었을 거예요.

- '아무리, 설사, 혹시'와 함께 자주 사용한다.

  예 **아무리** 돈이 <u>많아도</u> 건강은 살 수 없어요.

▶ 형태

형용사나 동사의 마지막 모음에 'ㅏ, ㅗ'가 있으면 '-아도', 'ㅏ, ㅗ'가 없으면 '-어도'를 붙인다.

ㅏ, ㅗ O	가다	→	가도
ㅏ, ㅗ X	먹다	→	먹어도
하다	하다	→	해도
ㄷ 받침	듣다	→	들어도
ㅂ 받침	눕다	→	누워도

※ 알맞은 것을 골라 문장을 완성하십시오.

오다	가다	어렵다	비싸다	실패하다	피곤하다

— <보기> —

→ 비가 <u>와도</u> 학교에 가야 한다.

1. 조금 늦게 _______________ 공연장에 들어갈 수 있을 거예요.

2. 값이 조금 _______________ 품질이 좋으면 사고 싶어요.

3. 몸이 아무리 _______________ 오늘까지 숙제를 끝내야 해요.

4. 한국어가 _______________ 열심히 공부하면 실력이 늘 거예요.

5. _______________ 다시 도전하면 돼요.

※ 다음은 '**새 생명을 축하하는 푸른 미역과 붉은 팥**'에 관한 글입니다.

미역국

팥떡

한국에서 아기가 태어나는 것은 가족뿐만 아니라 이웃이 함께 기뻐하는 뜻깊은 일이다. 이 뜻깊은 순간에 함께하는 대표적인 음식은 미역국과 팥떡이다. 이 음식들은 일반적인 식사가 아니라 산모의 건강과 아기의 앞날을 축복하는 상징적 의미를 담고 있다.

출산 후 산모가 먹는 대표적인 음식은 미역국이다. 고려시대 문헌 '초학기'에는 고래가 상처를 치유하기 위해 미역을 먹는 모습을 보고 산모에게 미역을 권했다는 기록이 있다. 이처럼 미역은 강한 생명력을 상징할 뿐만 아니라 미네랄이 풍부하여 산모의 영양을 보충하고 회복하는 데에 도움이 되기 때문에 산후조리 음식으로 정착하게 되었다. 흥미로운 점은 미역국이 단순히 산모의 음식에서 그치지 않고 오늘날의 생일 문화로도 이어졌다는 것이다. 한국 사람들은 생일에 미역국을 먹으며 자신의 탄생을 기억하고, 부모의 사랑과 은혜에 감사하는 마음을 표현한다. 이처럼 미역국은 출산 음식에서 생일 음식으로 발전하며 세대와 세대를 잇는 특별한 음식이 된 것이다.

아기가 태어나면 준비해야 하는 또 다른 음식은 팥떡이다. 떡은 태어나면서부터 돌잔치, 결혼, 제사에 이르기까지 한국인의 일생에서 중요한 순간마다 빠지지 않는 귀한 음식이었다. 그래서 일생에서 가장 중요한 순간인 새 생명이 태어나는 순간에도 떡은 자연스럽게 출산을 기념하는 상징적인 음식이 되었다. 예로부터 한국 사람들은 팥의 붉은색은 나쁜 기운을 물리치고 복을 불러온다고 믿었다. 이 때문에 아기의 건강과 안전을 기원하는 마음으로 아기가 태어난 지 100일이 되면 이웃들과 팥떡을 나누어 먹으며 새 생명의 탄생을 축복했다.

현대 사회에서는 병원에서의 출산과 산후조리원이 보편화되면서 예전처럼 팥떡을 온 동네 사람들과 나누어 먹는 풍습은 사라지고, 대신 아기용품이나 꽃바구니 같은 선물을 산모에게 주는 문화가 자리 잡았다. 그러나 미역국은 여전히 산모의 건강 회복을 돕는 필수 음식으로 병원과 산후조리원 식단에서 빠지지 않는다. 또한 생일 미역국 문화는 한국인의 생활 풍습으로 굳어져 출산의 의미가 생일 문화로 전승되고 있다.

미역국과 팥떡은 시대에 따라 형태와 방식은 바뀌었지만 그 안에 담긴 의미는 변하지 않았다. 결국 팥떡과 미역국은 새 생명을 축복하고 기쁨을 나누는 한국인의 따뜻한 정서를 보여 주는 소중한 문화라 할 수 있다.

1. 산모가 출산 후 미역국을 먹게 된 이유는 무엇입니까?

    ① 미역국은 맛있어서 산모들이 좋아하기 때문에

    ② 미역국은 아이들이 좋아하는 음식이었기 때문에

    ③ 미역국은 생명력을 상징하고 영양이 풍부하기 때문에

    ④ 미역국은 값이 비싸서 특별한 날에만 먹을 수 있었기 때문에

2. 아기가 태어나면 팥떡을 나누어 먹은 이유가 <u>아닌</u> 것은 무엇입니까?

    ① 팥떡은 만들어 먹기 쉬워서

    ② 아기의 건강과 안전을 기원하기 위해서

    ③ 팥의 붉은색이 나쁜 기운을 물리친다고 믿었기 때문에

    ④ 이웃과 함께 기쁨을 나누며 새 생명을 축복하기 위해서

3. 아기가 태어난 후 언제 팥떡을 이웃들에게 나누어 줍니까?

MEMO

가: 이번 시험에 합격했어요?

나: 아니요, 또 **미역국을 먹었어요**.

가: 너무 실망하지 마세요. **실패해도** 그 경험이 쌓이면 결국 합격할 거예요.

나: 그렇긴 하지만 계속 실패하다 보니 통역사가 제 적성에 맞는지 모르겠어요.

가: 실패는 누구나 겪는 과정이에요. 중요한 건 포기하지 않고 다시 도전하는 거죠.

나: 맞아요. 다음 시험까지 더 열심히 해야겠어요.

 속담 및 관용 표현

미역국을 먹다

　시험이나 중요한 일에서 떨어지거나 실패했다는 것을 표현하는 관용 표현이다. 예전에는 미끄럽다는 것 때문에 시험이나 중요한 일 전날에는 미역국처럼 미끄러운 음식을 피했는데 여기에서 '실패했다(미끄러졌다)'는 의미가 되었다. 일상적인 대화에서 '이번 시험에서 미역국을 먹었다'처럼 아쉬움이나 실망을 표현할 때 사용한다.

예　 취업 면접을 봤는데 **미역국을 먹을** 것 같아요.

　　아직 결과가 안 나왔으니까 기다려 보세요.

※ 위의 관용 표현을 사용하여 대화를 완성해 보세요.

가: ____

나: ____

가: ____

나: ____

잡채

✓ 재료

당면 200g, 소고기(불고기용) 150g, 양파 1개, 당근 1개, 시금치 1줌, 표고버섯 3개, 달걀 1개, 대파 조금
간장 3큰술, 설탕 1큰술, 다진 마늘 1큰술, 참기름 1큰술, 깨 약간, 식용유 약간, 소금 약간

✓ 방법

1. 당면은 미리 20~30분 정도 불린 뒤 끓는 물에 삶아 찬물에 헹궈 물기를 뺀다.
2. 소고기는 간장 1큰술, 설탕 ½큰술, 다진 마늘 ½큰술, 참기름을 약간 넣는다.
3. 시금치는 끓는 물에 살짝 데쳐 물기를 짜고, 소금과 참기름을 넣어 무친다.
4. 양파, 당근, 표고버섯, 대파는 채를 썰어 팬에 기름을 두르고 소금을 조금 넣고 볶는다.
5. 달걀은 지단을 부쳐 채를 썬다.
6. 팬에 불린 당면과 소고기를 넣고 볶다가 나머지 채소와 양념(간장, 설탕, 참기름)을 넣어 골고루 섞는다.
7. 그릇에 담고 달걀 지단과 깨를 뿌려 완성한다.

레시피 어휘

- 1(한) 줌 
- 다지다
- 무치다
- 데치다
- 불리다
- 두르다
- 부치다
- 물기를 짜다

05
배달 문화

한강에서 만나는 특별한 배달 문화

✔ 여러분이 친구와 함께 한강에 간다면 가장 하고 싶은 것은 무엇인가요?

✔ 집에서 음식을 주문하는 것과 한강에서 주문을 하는 것은 어떻게 다를까요?

 **어휘**

명사

공간	비중	상징	소통	여유
지점	돗자리	인상적	인프라	다회용기

※ 알맞은 것을 골라 문장을 완성하십시오.

1. 한강 공원에는 (　　　　　　)을/를 펴고 앉아서 노는 사람들이 많아요.

2. 전주 한옥 마을에 관광객이 많은 이유는 관광 (　　　　　　)이/가 잘 되어 있기 때문이에요.

3. 필요 없는 물건들을 버렸더니 넓은 (　　　　　)이/가 생겼어요.

4. 환경 보호를 위해 (　　　　　)을/를 사용하는 사람들이 증가하고 있어요.

5. 요즘 아주 바빠서 친구들을 만날 (　　　　　)이/가 없어요.

동사/형용사

더하다	여기다	즐기다	고려하다	권장하다
독특하다	벗어나다	지속하다	차지하다	확산되다

※ 알맞은 것을 골라 문장을 완성하십시오.

1. 학업을 (　　　　　)-기 어려워서 휴학을 했어요.

2. 제가 요즘 (　　　　　)-아/어 보는 것은 한국 요리 프로그램이에요.

3. 지금까지 낸 돈을 다 (　　　　　)-(으)면 오십 만원이에요.

4. 이번 모임은 학생들의 일정을 (　　　　　)-아/어서 날짜를 정했어요.

5. 교수님은 학생들에게 독서를 (　　　　　)-았/었어요.

V-느라고

- 앞의 행동 때문에 뒤의 결과가 생겼음을 나타낸다.

  예 요즘 시험 준비를 <u>하느라고</u> 정신이 없어요.

- 주로 원인, 이유 또는 목적을 설명할 때 사용한다. 보통 뒤에는 부정적인 결과나
  원하지 않은 상황이 많이 온다.

  예 친구를 <u>기다리느라고</u> 수업에 늦었어요.

  📖 **기억하세요!**

- 앞 문장과 뒤 문장의 주어는 같아야 한다.

  예 **친구가** 게임을 하느라고 **제가** 숙제를 못 했어요. (X)
     → **친구가** 게임을 하느라고 **친구가** 숙제를 못 했어요. (O)

- 과거(-았/었-), 미래(-겠-) 시제와 같이 쓸 수 없다.

  예 어제 병원에 **갔느라고** 학교에 못 왔어요. (X)
     → 어제 병원에 **가느라고** 학교에 못 왔어요. (O)

▶ 형태

동사의 받침과 관계없이 '-느라고'를 붙인다. 단 'ㄹ' 받침 동사는 '-느라고'를 만나면 'ㄹ'이 없어진다.

받침 O	듣다	→	듣느라고
받침 X	가다	→	가느라고
ㄹ 받침	놀다	→	노느라고

※ 알맞은 것을 골라 문장을 완성하십시오.

운동하다	보다	찾다	이사하다	이야기하다	아르바이트하다

<보기>

→ 헬스장에서 <u>운동하느라고</u> 전화를 못 받았어요.

1. 자동차 열쇠를 _______________ 약속 시간에 늦었어요.

2. 오후에 식당에서 _______________ 학교 행사에 참여하지 못했어요.

3. 드라마를 _______________ 점심 먹는 것을 깜박했어요.

4. 어제 새집으로 _______________ 정신이 하나도 없었어요.

5. 버스에서 친구와 _______________ 내릴 곳을 지나갔어요.

※ 다음은 '**한강에서 만나는 특별한 배달 문화**'에 관한 글입니다.

치맥

한강은 서울 시민과 외국인 모두에게 사랑받는 공간이다. 한강은 주말이나 퇴근 후 여가를 즐기기에 좋은 서울을 대표하는 휴식 공간이기도 하다. 패션쇼, 드론쇼, 불꽃축제 등 다양한 행사가 끊이지 않는 한강에서는 사람들이 돗자리를 펴고 도시의 소음에서 벗어나 여유를 즐기며 배달 음식이라는 독특한 문화를 경험한다.

한강에서의 식사는 다른 어느 곳에서도 느낄 수 없는 특별한 문화를 경험할 수 있다. 한강에는 배달존이라는 배달 음식을 받을 수 있는 구역이 따로 있을 정도로 배달 인프라가 잘 정비되어 있다. 이 덕분에 치맥(치킨과 맥주), 피자, 짜장면은 이미 한강 배달 문화의 상징이 되었고, 시원한 강바람을 맞으며 라면을 먹는 풍경도 일상적인 모습이 되었다.

외국인들에게 이러한 광경은 매우 인상적이다. 한강에서 배달 음식을 즐기는 문화는 서울만의 독특한 문화로 여겨진다. 서울관광재단 조사에 따르면, 외국인 관광객들이 관심을 보이는 체험 중 배달 음식 관련 활동이 상당한 비중을 차지한다. 시원한 강바람 속에서 친구들과 함께 음식을 함께 즐기는 모습은 많은 외국인들에게 깊은 인상을 준다.

한강 배달 문화는 음식과 휴식 그리고 서울의 일상이 만나는 지점이다. 특히 주말에는 더 많은 사람들이 친구나 가족, 연인과 함께 모여 도시의 분주함에서 벗어난다. 치맥을 나누며 라면을 후후 불며 **먹느라고** 시간 가는 줄 모르는 순간은 단순한 식사를 넘어서 소통과 휴식의 시간이다.

하지만 최근에는 환경 보호에 대한 관심이 높아지면서 변화가 나타나고 있다. 일회용기 사용을 줄이고 다회용기나 친환경 용기를 활용하도록 권장하는 움직임이 확산되고 있다. 이러한 노력은 한강의 자연환경을 보호하면서 배달 문화를 지속할 수 있는 방향을 제시한다.

이처럼 한강의 배달 문화는 그 자체로 한국의 현대 생활 방식을 상징한다고 할 수 있다. 최신 기술과 서비스, 음식과 풍경이 어우러진 이 특별한 문화는 환경을 고려한 새로운 시도로 발전하고 있다. 친환경적 노력이 더해진다면 한강 문화는 앞으로도 한국의 대표적인 문화로 지속될 것이다.

1. 서울 시민들에게 한강의 의미는 무엇입니까?

    ① 한강은 단순히 강의 역할만 한다.

    ② 한강은 외국인들을 위한 관광지다.

    ③ 한강은 여가를 즐기기 좋은 장소다.

    ④ 한강은 다양한 행사가 가끔 열리는 곳이다.

2. 윗글의 내용과 같은 것은 무엇입니까?

    ① 배달 음식의 종류가 다양하지 않다.

    ② 외국인 관광객들이 점점 줄어들고 있다.

    ③ 한강에서는 친환경 용기 사용이 권장되고 있다.

    ④ 한강에서 음식을 주문하려면 서울시에 신청해야 한다.

3. 한강에서 음식 배달을 받을 수 있는 특별한 구역을 무엇이라고 합니까?

MEMO

 ## 대화

가: 철수가 아까 왜 너한테 화냈어?

나: 오전에 교수님께 과제 제출을 안 했다고 혼났거든. 그런데 나한테 화를 내더라고.

가: 그거 완전히 **종로에서 뺨 맞고 한강에서 눈 흘기는** 거네.

나: 그게 무슨 뜻인데?

가: 화낼 사람한테는 화를 못 내고, 다른 사람에게 대신 화를 낸다는 거야.

나: 아! 그래서 철수가 교수님한테는 말 못 하고 나한테 화를 낸 거구나!

 ## 속담 및 관용 표현

종로에서 뺨 맞고 한강에서 눈 흘긴다

어떤 사람에게서 당한 불만이나 화를 직접 그 사람에게 풀지 못하고, 아무 상관 없는 다른 사람에게 화풀이한다는 것을 표현하는 속담이다. 다시 말해 자신보다 강한 사람에게 당한 모욕을 참았다가 아무 잘못 없는 사람에게 괜히 화를 내는 상황을 표현한 것이다. 화의 원인과 분노의 대상이 일치하지 않을 경우에 사용한다.

예　형 때문에 이번 시험을 다 망쳤어!

무슨 말이야? 네 시험과 내가 무슨 상관이야. **종로에서 뺨 맞고 한강에서 눈 흘기네!**

※ 위의 속담을 사용하여 친구와 대화를 완성해 보세요.

가: ____

나: ____

가: ____

나: ____

※ 여러분 나라의 **'음식 배달 문화'**에 대해 소개하는 글을 200~300자 정도로 써 보세요.

06
이사 문화

새집에서 먹는 첫 음식, 짜장면

이야기해 봅시다

✓ 여러분 나라에서 이사할 때 먹는 특별한 음식이 있나요?

✓ 여러분 나라에서 친구 집에 갈 때 어떤 선물을 준비하나요?

<table>
<tr><td colspan="5" align="center">**명사**</td></tr>
<tr><td>안정</td><td>귀신</td><td>세제</td><td>재물</td><td>친척</td></tr>
<tr><td>거품</td><td>실용적</td><td>이삿짐</td><td>집들이</td><td>생활용품</td></tr>
</table>

※ 알맞은 것을 골라 문장을 완성하십시오.

1. 명절에는 가족뿐만 아니라 (　　　　　　　)들도 함께 모여 식사를 해요.

2. 경제 (　　　　　　)을/를 위해 정부가 여러 가지 정책을 발표했어요.

3. 세탁기에 세제를 조금만 넣어도 (　　　　　　　)이/가 많이 나요.

4. 마트에서는 휴지나 샴푸와 같은 (　　　　　　　)을/를 한 번에 살 수 있어요.

5. (　　　　　　)을/를 정리하다 보니 오래된 물건들이 많이 나왔어요.

<table>
<tr><td colspan="5" align="center">**동사/형용사**</td></tr>
<tr><td>남다</td><td>나르다</td><td>지니다</td><td>퍼지다</td><td>피우다</td></tr>
<tr><td>풀리다</td><td>대접하다</td><td>변형되다</td><td>불어나다</td><td>어우러지다</td></tr>
</table>

※ 알맞은 것을 골라 문장을 완성하십시오.

1. 장마철에는 강물이 금방 (　　　　　　　)-아/어서 위험해요.

2. 이번 여행은 저에게 특별한 의미를 (　　　　　　　)-아/어요.

3. 기숙사 안에서 담배를 (　　　　　　)-(으)면 안 됩니다.

4. 그 남자에 대한 나쁜 소문은 사람들 사이에서 빨리 (　　　　　　　)-았/었어요.

5. 다양한 색이 잘 (　　　　　　)-아/어서 멋진 그림이 되었어요.

A/V-더니

- 과거 경험을 근거로 현재 사실이나 변화를 나타낸다. (주로 나 이외의 다른 이야기)
  - 예 어제는 날씨가 <u>춥더니</u> 오늘은 따뜻하네요.

- 앞의 행동이나 상황이 원인이 되어 뒤의 결과를 나타낸다.
  - 예 동생이 열심히 <u>공부하더니</u> 시험에 합격했어요.

V-았/었더니

- 직접 한 행동이 원인이 되어 뒤의 결과를 나타낸다. (주로 나의 이야기)
  - 예 어제 늦게 <u>잤더니</u> 아침에 일어나기가 힘들었어요.

▶ 형태

형용사나 동사의 마지막 모음이나 받침에 관계없이 '-더니'을 사용한다.

받침 O	듣다	→	듣더니
받침 X	가다	→	가더니

형용사나 동사의 마지막 모음에 'ㅏ, ㅗ'가 있으면 '-았더니', 'ㅏ, ㅗ'가 없으면 '-었더니'를 사용한다.

ㅏ, ㅗ O	가다	→	갔더니
ㅏ, ㅗ X	먹다	→	먹었더니
하다	하다	→	했더니
ㄷ 받침	듣다	→	들었더니
ㅂ 받침	눕다	→	누웠더니

※ 알맞은 것을 골라 문장을 완성하십시오.

흐리다	자다	읽다	전화하다	공부하다	청소하다	뛰어놀다

<보기>

→ 아침에 날씨가 <u>흐리더니</u> 오후에는 맑아졌어요.

→ 밤에 라면을 먹고 <u>잤더니</u> 얼굴이 부었어요.

1. 아이가 하루 종일 _______________ 밤에 일찍 잠들었어요.
2. 책을 오래 _______________ 눈이 아파요.
3. 친구에게 _______________ 친구가 집에 가는 중이라고 했어요.
4. 민수 씨가 열심히 _______________ 성적이 많이 올랐네요.
5. 제가 어제 방을 _______________ 방이 훨씬 깨끗해졌어요

※ 다음은 '**새집에서 먹는 첫 음식, 짜장면**'에 관한 글입니다.

짜장면

한국에서 이사는 집을 옮기는 일인 동시에 새로운 생활을 시작하는 중요한 순간이다. 그래서 과거에는 이사할 때 기운이 좋은 이사 날짜를 잡아 집안의 안정을 기원하거나 불을 피워 귀신을 쫓는 풍습이 있었다. 오늘날에는 이런 전통은 대부분 사라졌지만 이사와 관련된 독특한 음식 문화와 선물 문화가 남아 있다. 그 대표적인 것이 이사 날 먹는 짜장면과 집들이 선물이다.

짜장면은 중국 요리가 한국에 들어와 변형된 음식으로 20세기 초 인천 차이나타운에서 시작되어 전국적으로 퍼졌다. 1970~80년대까지만 해도 이사하는 날은 이삿짐을 나르느라 하루 종일 바빴기 때문에 따로 밥을 할 시간이 없었다. 그때 값이 싸고 배달이 빠른 짜장면은 가장 실용적인 선택이었다. 그릇을 준비할 필요도 없고 짧은 시간 안에 가족과 이사를 도와준 사람들이 함께 먹을 수 있었기 때문이다. 이런 이유로 짜장면은 '이삿날 음식'으로 자리 잡게 되었다. 다시 말해 짜장면은 새로운 집에서 함께 나누는 첫 식사라는 의미를 갖게 된 것이다.

이사와 관련된 또 다른 문화는 선물이다. 한국에서는 집들이에 초대를 받으면 세제나 휴지를 선물하는 경우가 많다. 세제는 거품이 잘 나듯이 "재물이 불어난다"는 뜻을 담고 있고, 휴지는 쉽게 풀리듯이 "일이 잘 풀렸으면 좋겠다"는 의미를 담고 있다. 이처럼 실용적이면서도 특별한 의미가 있는 선물을 주며 새집 주인의 앞날을 응원하는 것이다. 과거에는 술이나 쌀을 선물하는 경우도 있었지만 오늘날에는 생활용품을 더 많이 선물하기도 한다.

집들이는 새로운 집으로 이사 온 것을 알리고, 이웃과 친척, 친구들에게 감사의 마음을 전하는 자리다. 보통 손님들에게 음식을 대접하며 집을 소개하는데, 예전에는 떡이나 전, 국을 준비했으나 요즘은 피자나 치킨 같은 배달 음식을 함께 즐기기도 한다. 중요한 것은 음식의 종류가 아니라 새집에서 함께 모여 축하하며 기쁨을 나누는 시간이라는 점이다.

결국 짜장면 한 그릇에는 새로운 출발을 함께 기념하는 의미가 있고, 집들이 선물에는 앞날의 행운을 기원하는 마음이 들어 있으며 집들이에는 이웃과 관계를 다지는 따뜻한 정서가 담겨 있다.

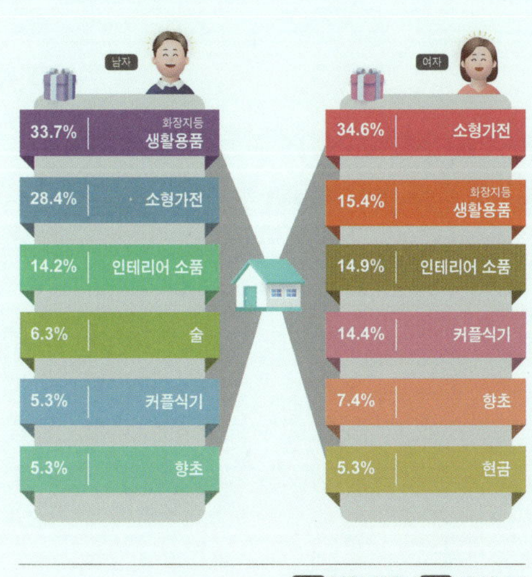

1. 짜장면을 이삿날 먹는 이유는 무엇입니까?

    ① 값이 비싸고 귀한 음식이기 때문에

    ② 그릇도 준비할 필요 없고 배달도 빠르기 때문에

    ③ 일상에서도 먹을 수 있는 익숙한 음식이기 때문에

    ④ 맛이 특이해서 아이들이 좋아하는 음식이기 때문에

2. 집들이 선물로 휴지를 주는 이유는 무엇입니까?

    ① 부자가 되라는 의미가 있어서

    ② 집을 깨끗하게 청소하기 위해서

    ③ 일이 잘 풀리라는 의미가 있어서

    ④ 새집의 나쁜 기운을 없애 준다고 믿어서

3. "재물이 불어난다"는 뜻을 담고 있는 집들이 선물은 무엇입니까?

MEMO

가: 요즘 민수가 공부를 안 **하더니** 결국 이번 시험을 망쳤대.

나: 그런데 민수는 항상 공부는 안 하면서 성적만 잘 받으려고 하더라.

가: 그러니까. 노력한 만큼 성적이 나오는 건데…….

나: 그렇지. **콩 심은 데 콩 나고 팥 심은 데 팥 나는** 건데 성적이 나오면 후회하겠지.

가: 맞아. 나중에 후회하지 않게 나도 미리 시험 준비하려고.

나: 좋은 생각이야. 같이 하자.

속담 및 관용 표현

콩 심은 데 콩 나고 팥 심은 데 팥 난다

원인에 따라 그에 맞는 결과가 생긴다는 것을 표현하는 속담이다. '콩을 심으면 콩이 나고, 팥을 심으면 팥이 난다'는 당연한 말처럼 좋은 일을 하면 좋은 결과가 생기고, 나쁜 일을 하면 나쁜 결과가 생긴다는 것을 의미한다.

예 요즘 회사 동료 중에 일은 대충하면서 인정만 받으려는 사람이 있어.

그런 사람은 오래 못 가더라. **콩 심은 데 콩 나고 팥 심은 데 팥 나는** 거잖아

※ 위의 속담을 사용하여 대화를 완성해 보세요.

가: ____

나: ____

가: ____

나: ____

짜장 라면

✓ 재료

짜장 라면 1봉지, 양파 조금, 대파 조금, 식용유 1큰술

✓ 방법

1. 냄비에 물을 끓여 면을 넣고 3~4분 정도 삶은 뒤에 면만 건져 찬물에 헹군다.

2. 팬에 식용유를 두르고 양파, 대파를 볶다가 라면의 짜장 소스를 넣어 함께 볶는다.

3. 삶은 면을 넣고 잘 비빈 뒤 그릇에 담는다.

4. 식성에 따라 삶은 달걀, 오이채, 단무지를 곁들여 완성한다.

레시피 어휘

- 건지다
- 비비다
- 곁들이다

07
거리 문화

한국의 길에서 만나는 음식

✓ 여러분 나라에서 가장 인기 있는 길거리 음식은 무엇인가요?

✓ 여러분이 한국 영화나 드라마에서 본 길거리 음식은 무엇인가요?

 **어휘**

명사				
감정	곳곳	서민	흥행	먹거리
번화가	분식집	전성기	하굣길	포장마차

※ 알맞은 것을 골라 문장을 완성하십시오.

1. 분식집에는 학생들이 좋아하는 떡볶이, 어묵 등 다양한 (   )이/가 있어요.

2. 요즘 K-뷰티가 (   )을/를 맞이하고 있어요.

3. 최근 세계 (   )에서 폭염과 폭우 등의 자연재해가 자주 일어나고 있어요.

4. 이 영화는 재미없는 시나리오 때문에 (   )에 실패했어요

5. 작년에 우리 아버지는 서울 시내 (   )에 큰 식당 하나를 열었어요.

동사/형용사				
담다	얼다	갖추다	녹이다	이끌다
든든하다	머무르다	매콤하다	유래하다	떠올리다

※ 알맞은 것을 골라 문장을 완성하십시오.

1. 스트레스를 풀기 위해서 (   )-(으)ㄴ/는 음식을 먹었어요.

2. 현대 축구는 영국에서 (   )-(으)ㄴ/는 경기예요.

3. 올여름에 고향 친구가 한국에 와서 우리 집에 (   )-ㄹ/을 예정이에요.

4. 불고기를 만들기 위해 언 고기를 (   )-고 있어요.

5. 화가는 한국의 풍경을 (   )-(으)ㄴ/는 그림을 그리고 있었어요.

A/V-더라도

- 가정이나 양보의 뜻을 나타낸다. 앞의 조건이 뒤와 관계가 없거나 영향을 주지 않는다는 것을 나타낸다.
  예 영희는 무엇을 <u>하더라도</u> 늘 최선을 다한다.

- '아무리', '비록', '누가', '어디', '무엇' 등과 함께 자주 사용된다.
  예 **아무리** <u>바쁘더라도</u> 학교에는 가야 한다.

- '-아/어도'와 비슷하지만 '-더라도'는 더 강한 표현이다.
  예 비가 <u>와도</u> 갈 거예요.
  예 비가 <u>오더라도</u> 갈 거예요.

▶ 형태

형용사나 동사의 마지막 모음이나 받침에 관계없이 '-더라도'를 붙인다.

받침 O	듣다	→	듣더라도
받침 X	가다	→	가더라도

※ 알맞은 것을 골라 문장을 완성하십시오.

오다	없다	하다	바쁘다	힘들다	실패하다

───── <보기> ─────

→ 비가 <u>오더라도</u> 운동을 계속할 거예요.

1. 아무리 회사 일이 ＿＿＿＿＿＿＿ 밥은 꼭 먹어야 해요.

2. 운동을 ＿＿＿＿＿＿＿ 무리하면 안 돼요.

3. 이번에 ＿＿＿＿＿＿＿ 다시 도전할 거예요.

4. 비록 생활이 ＿＿＿＿＿＿＿ 긍정적인 마음을 가져야 해요.

5. 아무리 시간이 ＿＿＿＿＿＿＿ 부모님께 매일 연락하세요.

※ 다음은 '**한국의 길에서 만나는 음식**'에 관한 글입니다.

떡볶이, 순대, 어묵

한국 드라마나 영화를 보면 주인공들이 분식집 앞에서 어린 시절을 떠올리는 장면을 쉽게 볼 수 있다. 친구들과 학교 앞 분식집에서 나눠 먹던 떡볶이, 순대, 어묵은 한국인의 어린 시절을 대표하는 풍경이다. 이 길거리 음식들은 평범한 먹거리가 아니라 그 시절의 감정과 추억을 담은 '소울 푸드(soul food)'이기 때문이다.

한국의 길거리 음식은 이처럼 간식을 넘어 한국인의 마음을 표현하는 문화적 상징이 되었다. 매콤한 떡볶이, 쫄깃한 순대, 따뜻한 어묵은 학교 분식집에서부터 명동과 같은 번화가 포장마차까지 한국인의 일상 곳곳에 자리 잡고 있다.

떡볶이는 원래 간장을 사용한 궁중 요리에서 유래했으나 한국 전쟁 이후 고추장을 넣어 만드는 방식으로 변화하여 지금의 매콤한 '빨간 떡볶이' 모습을 갖추게 되었다. 값싼 밀가루떡에 고추장 양념을 버무린 이 음식은 한국의 경제가 어렵던 시절에 서민들의 든든한 간식이자 학생들의 하굣길을 책임지는 '추억의 음식'이 되었다. 고려 시대부터 존재한 순대는 고기와 야채로 만든 고급 음식으로 조선 시대에는 잔칫날에 주로 소비되었다. 한국 전쟁 이후 식재료가 부족했던 시기에 순대의 주재료로 당면이 사용되면서 저렴한 대중 음식이 되었다. 어묵 역시 조선 시대부터 생선을 다져서 만든 궁중 음식이었다. 일제 강점기에 일본의 가마보코가 한국에 소개되었고 한국 전쟁 이후 피난민의 영양 공급원이 되면서 국민 간식으로 자리 잡았다.

친구들과 떡볶이, 순대를 나눠 먹고, 겨울철 따뜻한 어묵 국물에 언 손을 녹이던 추억은 남녀노소의 공통된 경험이라고 할 수 있다. 좁은 분식 포장마차에 모여 앉아 서로의 이야기를 나누는 이런 모습들은 길거리 음식에 사람들을 연결하는 특별한 힘이 있다는 것을 보여준다.

최근 K-팝과 K-드라마의 전 세계적인 흥행 덕분에 한국 길거리 음식도 새로운 전성기를 맞았다. 떡볶이, 순대, 어묵은 한국을 방문하는 외국인들이 한 번쯤 먹고 싶은 음식이 되었을 뿐만 아니라 해외 곳곳에도 한국식 분식점이 생겨나고 있다. 한국어를 잘 **모르더라도** 'Tteokbokki'라는 이름으로 해외 마트에서 쉽게 찾을 수 있는 상품이 되었다. 이처럼 한국의 길거리 음식인 떡볶이, 순대, 어묵 등은 더 이상 한국에만 머무르지 않고 한류의 중요한 콘텐츠로 자리 잡아 한국 문화의 세계화를 이끌고 있다.

1. 한국 길거리 음식이 세계적으로 인기를 얻게 된 이유는 무엇입니까?

 ① K-팝과 K-드라마의 전 세계적인 흥행 때문에

 ② 외국인들의 매운맛에 대한 선호도가 증가해서

 ③ 한국 정부의 적극적인 음식 홍보 정책으로 인해

 ④ 해외에서 살고 있는 한국인들이 매운맛을 좋아해서

2. 윗글의 내용과 <u>다른</u> 것은 무엇입니까?

 ① 해외에 한국식 분식점들이 생기고 있다.

 ② 분식집은 한국 전쟁 이후 생겨나기 시작했다.

 ③ 길거리 음식은 외국인들의 필수 코스가 되었다.

 ④ 떡볶이는 'Tteokbokki'라는 이름으로 불리고 있다.

3. 떡볶이가 현재의 매콤한 맛을 갖게 된 때는 언제입니까?

MEMO

가: 이번 주 금요일이 내 생일인데, 남자 친구가 휴대폰을 사 줄 것 같아요.

나: 정말요? 좋겠어요. 그런데 남자 친구가 휴대폰을 사 준다고 했어요?

가: 아니요. 말은 안 했는데 내가 내 휴대폰이 오래됐다고 말했거든요.

나: 뭐라고요? **떡 줄 사람은 생각도 안 하는데 김치국부터 마시는** 거 아니에요?

가: 그런가요.

나: 기대했다가 실망할 수도 있으니 기다려 봐요.

 ## 속담 및 관용 표현

떡 줄 사람은 생각도 안 하는데 김칫국부터 마신다

확실하지 않은 일에 앞서서 자기 혼자 미리 사실인 것처럼 기대하고 행동하는 성급한 태도를 표현하는 속담이다. 이 속담은 과거 떡을 먹을 때 소화를 위해 김칫국을 함께 먹었던 것에서 유래했다. 아직 떡을 먹지도 않았는데 떡을 먹을 것 같다는 기대감으로 미리 김칫국을 마시는 우스운 상황을 비유한 것이다. 보통 줄여서 '**김칫국부터 마신다**'를 자주 사용한다.

예  나 이번 시험에 1등 해서 장학금 받을 것 같아!

아직 발표도 안 했잖아. **김칫국부터 마시지** 마.

※ 위의 속담을 사용하여 친구와 대화를 완성해 보세요.

가: ____

나: ____

가: ____

나: ____

※ 여러분 나라의 **'길거리 음식 문화'**에 대해 소개하는 글을 200~300자 정도로 써 보세요.

08
포장마차 문화

퇴근길, 따뜻한 국물과 소주 한 잔

✔ 여러분 나라에서 퇴근길에 가볍게 먹는 음식은 무엇인가요?

✔ 여러분 나라에도 포장마차와 비슷한 길거리 식당이 있나요?

 ## 어휘

명사

끼	도수	불판	안전	위생
인구	장면	천막	산업화	직장인

※ 알맞은 것을 골라 문장을 완성하십시오.

1. 학교 축제 때 운동장에 (   )을/를 쳤어요.

2. 유학 갈 때 어머니께서 하루 세 (   )을/를 꼭 챙겨 먹으라고 하셨어요.

3. 한국은 빠른 (   ) 과정에서 도시 인구가 급격히 늘어났어요.

4. 정부에서 (   ) 상태가 나쁜 음식점들을 조사했어요.

5. 고깃집에서는 뜨거운 (   ) 위에 고기를 직접 구워 먹어요.

동사/형용사

들르다	채우다	흔하다	곁들이다	기울이다
늘어나다	뜨끈하다	이어지다	세련되다	제공하다

※ 알맞은 것을 골라 문장을 완성하십시오.

1. 제가 학교 가는 길에 카페에 (   )-아/어서 커피를 사 갈게요.

2. 이 식당은 전통적인 분위기와 (   )-(으)ㄴ/는 인테리어가 잘 어울려요.

3. 우리 학교에서 공원까지 (   )-(으)ㄴ/는 길에는 옷 가게가 많아요.

4. 날씨가 추워서 (   )-(으)ㄴ/는 온돌방에서 자고 싶어요.

5. 남자 친구와 헤어졌다는 친구의 말에 귀를 (   )-았/었어요.

A/V-(으)ㄹ 뿐만 아니라

- 앞의 내용만이 아니라 뒤의 내용도 함께 포함된다는 것을 나타낸다.

  예 동생은 영어를 잘할 뿐만 아니라 중국어도 유창하다.

▶ 형태

형용사나 동사의 마지막에 받침이 있으면 '-을 뿐만 아니라', 받침이 없으면 '-ㄹ 뿐만 아니라'를 붙인다.
단 'ㄹ' 받침 형용사나 동사는 'ㄹ'이 없어지고 '-ㄹ 뿐만 아니라'를 붙인다.

받침 O	먹다	→	먹을 뿐만 아니라
받침 X	가다	→	갈 뿐만 아니라
ㄹ 받침	만들다	→	만들 뿐만 아니라
ㄷ 받침	듣다	→	들을 뿐만 아니라
ㅂ 받침	눕다	→	누울 뿐만 아니라

※ 알맞은 것을 골라 문장을 완성하십시오.

| 예쁘다 | 쉽다 | 등장하다 | 저렴하다 | 성실하다 | 아름답다 |

<보기>

→ 이 휴대폰은 _____예쁠 뿐만 아니라_____ 성능도 좋다.

1. 포장마차는 한국 드라마에 자주 ______________ 영화에도 자주 나온다.

2. 민수는 ______________ 책임감도 강하다.

3. 이 책은 읽기 ______________ 내용도 유익하다.

4. 떡볶이는 값이 ______________ 맛도 좋다.

5. 서울은 ______________ 교통도 편리하다.

※ 다음은 '**퇴근길, 따뜻한 국물과 소주 한 잔**'에 관한 글입니다.

홍합탕과 소주

꼼장어

한국의 밤거리를 걷다 보면 포장마차를 쉽게 볼 수 있다. 포장마차는 천막을 치고 의자와 테이블을 놓아 손님들에게 음식을 파는 길 위의 작은 식당이다. 1960~70년대 산업화 시기에 도시 인구가 급격히 늘어나고 늦은 시간까지 일하는 사람들이 많아지면서 포장마차가 등장했다. 값이 저렴하고 편해서 부담 없이 들를 수 있는 곳이었기 때문에 포장마차는 퇴근길 직장인과 서민들에게 따뜻한 한 끼와 휴식을 제공해 주는 공간이었다. 퇴근 후 동료들과 함께 술잔을 기울이며 하루의 피로를 풀거나 간단히 배를 채우는 곳으로 포장마차는 자연스럽게 한국인의 일상으로 들어왔다.

러시아의 보드카, 중국의 고량주, 일본의 사케처럼 '한국' 하면 가장 먼저 떠오르는 술은 소주다. 고려 시대에 처음 만들어진 소주는 값이 저렴하고 알코올 도수가 적당하여 누구나 쉽게 즐길 수 있었기 때문에 한국의 대표적인 술이 되었다. 특히 뜨끈한 국물과 함께 소주를 마시는 모습은 한국 드라마와 영화에 자주 등장하며 포장마차의 상징이 되었다.

이때 소주의 안주로 즐겨 찾는 국물 요리는 홍합탕, 어묵탕, 잔치국수다. 홍합은 한국의 남해안 지역에서 많이 생산되는 해산물로 감칠맛이 뛰어나고 단백질, 미네랄, 철분 등이 풍부하다. 이러한 홍합은 소금, 후추, 마늘, 대파를 넣어 끓이면 국물이 시원하고 감칠맛이 배가 되기* 때문에 추운 겨울날에 특히 인기가 많다. 그래서 따뜻한 홍합탕을 먹으며 소주를 곁들이는 겨울철의 풍경은 포장마차를 대표하는 장면이 되었다. 그러나 최근에는 홍합탕보다 어묵탕을 제공하는 곳이 많다. 부산 지역에서는 유명한 꼼장어 구이도 포장마차의 대표적인 메뉴다. 꼼장어는 예전에는 흔하고 값싼 재료였는데 매콤한 양념을 더해 불판에 구워 내면서 전국적으로 사랑받는 음식이 되었다.

오늘날 포장마차 문화는 과거와는 다른 모습으로 변하고 있다. 위생과 안전 기준이 높아지면서 길거리 천막 대신 실내 포장마차나 세련된 분위기의 '퓨전 포차'가 늘어났다. 과거에는 서민들이 값싸게 배를 채우는 공간이었다면 이제는 독특한 분위기를 즐기려는 젊은 세대와 외국인 관광객이 많이 찾는 공간이 되었다. 다양한 메뉴와 현대적인 인테리어를 갖춘 포장마차는 옛 정서를 간직하면서도 새로운 형태로 발전해 가고 있다. 다시 말해 포장마차는 저렴한 길거리 음식을 파는 공간에서 한국인의 삶과 정서를 담은 문화 공간으로 바뀐 것이다. 이처럼 포장마차는 과거의 퇴근길 문화에서 오늘날 한국의 관광 문화로 이어지고 있다.

---

* 배가 되다: 2배, 3배 등 '많아지다'라는 관용 표현.

1. 포장마차가 1960~70년대에 등장하게 된 이유는 무엇입니까?

　　① 고려 시대부터 내려온 전통이었기 때문에

　　② 서민들이 전통 음식을 배울 수 있었기 때문에

　　③ 외국인 관광객을 위해 특별히 만든 음식점이었기 때문에

　　④ 도시 인구가 늘고 늦게까지 일하는 사람들이 많았기 때문에

2. 오늘날 포장마차 문화의 변화로 맞지 <u>않는</u> 것은 무엇입니까?

　　① 귀하고 값비싼 음식을 제공한다.

　　② 세련된 분위기의 퓨전 포차가 등장했다.

　　③ 길거리 천막 대신 실내 포장마차가 늘어났다.

　　④ 젊은 세대와 외국인 관광객이 즐겨 찾는 공간이 되었다.

3. 포장마차에서 홍합탕과 함께 먹는 한국의 대표적인 술은 무엇입니까?

MEMO

가: 요즘 왜 이렇게 기운이 없어 보여?

나: 전 여자친구 생각이 자꾸 나서 그래. 지금 생각해 보니까 **예쁠 뿐만 아니라** 성격도 진짜 좋았는데.

가: 헤어질 땐 별로라고 했잖아.

나: 그땐 다른 사람이 더 좋아 보였거든.

가: **놓친 물고기가 더 커 보인다**더니 이제 와서 후회하니?

나: 그러게. 후회해도 소용없는데…….

 **속담 및 관용 표현**

놓친 물고기가 더 커 보인다

이미 잃어버린 기회나 물건이 실제보다 더 좋고 커 보인다는 것을 표현하는 속담이다. 즉 지나간 기회가 더 크게 느껴져서 아쉬움이 남는 마음을 표현한다.

예
　지난번에 그만둔 회사에 그냥 다닐 걸 그랬어. 지금보다 좋았는데…….

　원래 **놓친 물고기가 더 커 보이는** 거야. 지금 다니는 회사나 열심히 다녀.

※ 위의 속담을 사용하여 대화를 완성해 보세요.

가: ____

나: ____

가: ____

나: ____

떡볶이

✓ 재료

떡볶이 떡 300g, 어묵 3장, 양배추 100g, 양파 ½개, 대파 1대, 삶은 달걀 2개, 물 3컵,
고추장 3큰술, 고춧가루 2큰술, 간장 2큰술, 설탕 1큰술, 다진 마늘 1큰술

✓ 방법

1. 떡볶이 떡은 미리 찬물에 10분 정도 담가 둔다.

2. 어묵, 양배추, 양파, 대파는 먹기 좋은 크기로 썬다.

3. 냄비에 물 3컵을 붓고 고추장, 고춧가루, 간장, 설탕, 다진 마늘을 넣어 양념장을 만든다.

4. 물이 끓기 시작하면 떡과 어묵, 양념장을 넣고 중불에서 5분 정도 끓인다.

5. 양배추와 양파를 넣어 함께 끓이다가 떡이 익으면 대파를 넣는다.

6. 국물이 걸쭉해질 때까지 저어 주고, 식성에 따라 삶은 달걀을 넣는다.

레시피 어휘

- 익다
- 강불
- 담그다
- 중불
- 걸쭉하다
- 약불

09
계절 문화

한국의 계절이 담긴 음식

✓ 여러분 나라에서 여름에만 먹는 음식은 무엇인가요?

✓ 한국 사람들은 왜 더운 여름에 뜨거운 음식을 먹을까요?

명사/부사				
틀	내내	단팥	변화	양반
왕실	원조	지혜	화채	화제

※ 알맞은 것을 골라 문장을 완성하십시오.

1. 철수는 겨울 (　　　　　　) 감기로 고생을 했어요.

2. 요즘 지구의 환경 (　　　　　　)(으)로 인해 날씨가 많이 바뀌었어요.

3. 조선 시대는 (　　　　　　)와/과 상민으로 구분된 사회였어요.

4. 우리나라는 이번 태풍에 피해를 입은 국가에 (　　　　　　)을/를 보냈어요.

5. 부산국제영화제에 참석한 배우가 요즘 온라인에서 (　　　　　　)이/가 되고 있어요.

동사/형용사				
말다[01]	잇다	나뉘다	엿보다	달콤하다
보관하다	살펴보다	정착하다	채취하다	추천하다

※ 알맞은 것을 골라 문장을 완성하십시오.

1. 누가 저를 지금 (　　　　　)-고 있는 것 같아요.

2. 할머니는 항상 밥을 국에 (　　　　　)-아/어서 드세요.

3. 교수님은 저에게 맞는 한국어책을 (　　　　　)-아/어 주셨어요.

4. 아이는 (　　　　　)-(으)ㄴ/는 케이크를 먹자마자 울음을 그쳤어요.

5. 우리 과는 두 팀으로 (　　　　　)-아/어서 농구 경기를 했어요.

A/V-(으)ㄹ 테니(까)

- 앞은 **의지**를 나타내고 뒤는 그에 따르는 조건을 나타낸다.

  예 제가 발표 자료를 <u>만들 테니까</u> 영희 씨는 검토해 주세요.

- 앞은 **강한 추측**을 나타내고 뒤는 그에 따르는 조건을 나타낸다.

  예 아무 일도 <u>없을 테니까</u> 너무 걱정하지 마세요.

▶ 형태

형용사나 동사의 마지막에 받침이 있으면 '-을 테니까', 받침이 없으면 '-ㄹ 테니까'를 붙인다.

단 'ㄹ' 받침 형용사나 동사는 'ㄹ'이 없어지고 '-ㄹ 테니까'를 붙인다.

받침 O	먹다	→	먹을 테니까
받침 X	가다	→	갈 테니까
ㄹ 받침	만들다	→	만들 테니까
ㄷ 받침	듣다	→	들을 테니까
ㅂ 받침	춥다	→	추울 테니까

※ 알맞은 것을 골라 문장을 완성하십시오.

오다	사다	하다	막히다	어렵다	걱정하다

<보기>

→ 오늘 오후에 비가 <u>올 테니까</u> 우산을 챙기는 것이 좋겠어요.

1. 지금 시간은 길이 ______________ 지하철을 타는 게 어때요?

2. 저녁에 내가 요리를 ______________ 너는 재료만 준비해.

3. 이번 시험이 ______________ 열심히 공부해야 돼요.

4. 집에 늦게 가면 부모님이 ______________ 연락을 해야 돼요.

5. 제가 점심을 ______________ 미영 씨는 커피를 사세요.

※ 다음은 **'한국의 계절이 담긴 음식'**에 관한 글입니다.

냉면

팥빙수

붕어빵

한국인의 식탁은 사계절의 변화와 함께 움직인다. 여름에는 입맛을 살리는 냉면과 달콤하고 시원한 팥빙수가 사람들의 사랑을 받고, 겨울에는 길거리 간식인 따뜻한 붕어빵과 호떡이 손과 입을 즐겁게 한다. 이런 음식을 살펴보면 한국 음식 문화에 담긴 생활의 지혜를 엿볼 수 있다.

냉면은 차가운 면 요리인데 무더운 여름에 특히 인기가 많다. 시원한 음식이 많지 않은 유럽 등에서 온 외국인들은 이 차가운 면 요리를 매우 흥미롭게 생각한다. 냉면은 원래 북쪽 지방에서 겨울철에 즐기던 음식이었지만 지금은 여름을 대표하는 음식 중 하나가 되었다. 냉면은 크게 평양냉면과 함흥냉면으로 나뉜다. 평양냉면은 차가운 국물에 면을 말아서 먹는 물냉면이고, 함흥냉면은 쫄깃한 면에 매콤한 양념을 비벼서 먹는 비빔냉면이다. 비빔냉면을 처음 먹는 사람이라면 매울 수 **있을 테니** 양념을 조금씩 넣어 먹는 것을 추천한다. 북쪽에서 시작한 냉면은 남북한을 잇는 음식으로 발전했다. 2018년 남북정상회담 당시 남한의 문재인 대통령과 북한의 김정은 위원장이 함께 냉면을 먹는 모습은 화제가 되기도 했다.

한국의 여름을 대표하는 후식(디저트)인 팥빙수는 얼음을 곱게 갈아 단팥과 여러 재료들을 올려 먹는 음식이다. 조선 시대에는 겨울에 채취한 얼음을 '석빙고(얼음 창고)'에 보관했다가 여름에 갈아서 화채로 먹었다. 당시에는 얼음이 귀했기 때문에 왕실과 양반들만 즐길 수 있었다. 20세기 초인 1913년에 얼음을 만드는 회사가 생기면서 대중에게 알려졌고, 거리에서도 빙수를 파는 사람들이 늘기 시작했다. 한국 전쟁 이후 미국에서 연유와 초콜릿 시럽이 들어와 달콤한 빙수를 먹게 되었다. 1980년대에는 얼음 위에 단팥, 떡, 젤리 등을 넣은 한국식 팥빙수가 정착되었다. 이후 2000년대에 들어서면서 우유를 곱게 간 눈꽃 스타일의 빙수가 등장했다. 얼음 위에 과일, 아이스크림과 같은 다양한 토핑을 얹은 빙수가 인기를 끌면서 여름에만 먹던 이 음식을 사계절 내내 파는 가게들도 많아졌다.

겨울을 대표하는 길거리 음식 중 하나는 바로 붕어빵이다. 이 음식은 일본의 길거리 음식 '타이야키'에서 유래했는데 1930년대 한국에 전해졌다고 한다. 붕어빵은 말 그대로 붕어 모양의 틀에 반죽을 붓고 팥을 넣어 구운 빵이다. 한국 전쟁 이후 미국의 원조로 밀가루가 흔해지면서 붕어빵은 서민들의 대표 간식이 되었다. 지금도 겨울이면 길거리 곳곳에서 바로 구운 뜨거운 붕어빵을 파는 모습을 쉽게 볼 수 있다.

1. 팥빙수가 대중에게 알려진 계기는 무엇입니까?

    ① 20세기 초 얼음을 만드는 회사가 생기면서

    ② 조선 시대 왕실에서 팥빙수를 즐겨 먹으면서

    ③ 1980년대 얼음 위에 떡과 젤리를 넣기 시작하면서

    ④ 한국 전쟁 이후 미국에서 연유와 초콜릿이 들어와서

2. 윗글의 내용과 <u>다른</u> 것은 무엇입니까?

    ① 냉면은 원래 겨울철에 먹던 음식이었다.

    ② 붕어빵은 일본의 길거리 음식에서 유래했다.

    ③ 팥빙수는 조선 시대에 서민들이 즐겨 먹던 음식이었다.

    ④ 2018년 남북정상회담에서 두 정상이 함께 냉면을 먹었다.

3. 조선 시대 얼음을 보관했다가 여름에 꺼내 먹었던 얼음 창고를 무엇이라고 합니까?

MEMO

가: 저기 가는 아저씨랑 아이가 완전히 **붕어빵 같지** 않아요?

나: 어디요? 아, 정말이네요! 걷는 모습이 똑같네요.

가: 아이가 아빠를 따라 하는 건지 원래 그런 건지 모르겠어요.

나: 유전자가 신기하긴 해요. 우리 집도 제가 엄마랑 얼굴이 **붕어빵 같다**고 하던데요.

가: 저도 그래요. 저는 엄마랑 목소리까지 닮았대요.

나: 그래요? 진짜 신기하네요.

 속담 및 관용 표현

붕어빵 같다

두 사람의 외모나 말투, 행동이 아주 비슷하다는 것을 표현하는 관용 표현이다. 특히 부모나 자식처럼 가족에 대해 말할 때 자주 사용된다. '붕어빵 같다'라는 표현은 붕어빵을 틀에서 찍어 내기 때문에 모양이 똑같아서 생긴 표현이다. 보통 **'붕어빵이다'**를 자주 사용한다.

예 저 형제는 표정까지 **붕어빵 같네**.

응, 행동도 아주 **붕어빵이야**.

※ 위의 관용 표현을 사용하여 대화를 완성해 보세요.

가: ___________________________________

나: ___________________________________

가: ___________________________________

나: ___________________________________

※ 여러분 나라의 **'계절 음식'**에 대해 소개하는 글을 200~300자 정도로 써 보세요.

10
보양식 문화

힘이 나는 삼계탕과 곰탕

✔ 여러분 나라에서 평소에 건강을 위해 먹는 음식은 무엇인가요?

✔ 여러분 나라에서 아프거나 힘이 없을 때 먹는 음식은 무엇인가요?

 # 어휘

명사

가루	마늘	문헌	상황	소뼈
시초	찹쌀	닭백숙	보양식	장기 보관

※ 알맞은 것을 골라 문장을 완성하십시오.

1. (　　　　　　　)은/는 음식의 안 좋은 냄새를 없애고 향을 더해 줘요.

2. 알약을 쉽게 먹으려고 (　　　　　　　)(으)로 만들었어요.

3. 김치처럼 음식을 발효하면 (　　　　　　　)을/를 할 수 있어요.

4. 조선 시대의 (　　　　　　　)에는 곰탕에 대한 기록이 남아 있어요.

5. 친구의 말을 이해 못했는데 친구와 같은 (　　　　　　　)이/가 되니까 이해됐어요.

동사/형용사

고다	낯설다	느끼다	무덥다	접하다
진하다	간편하다	실천하다	판매되다	맛을 보다

※ 알맞은 것을 골라 문장을 완성하십시오.

1. 엄마가 만드신 음식의 (　　　　　　　)-(으)ㄹ 때마다 기분이 좋아요.

2. 이 국물은 색깔이 (　　　　　　　)-고 맛이 깊어요.

3. 뼈와 고기를 오랫동안 (　　　　　　　)-아/어야 진한 곰탕이 돼요.

4. 한국에 와서 처음으로 삼계탕을 (　　　　　　　)-았/었어요.

5. 외국인에게 인삼 향은 조금 (　　　　　　　)-게 느껴질 수 있어요.

A/V-(으)ㄴ/는 반면에

- 앞과 뒤의 행동이나 상황이 서로 대조되거나 차이가 있는 것을 나타낸다. (=~으나, =~지만)

  예 일본 사람들은 해물파전을 <u>좋아하는 반면에</u> 미국 사람들은 불고기를 제일 좋아한다.

▶ 형태

동사의 받침에 관계없이 '-는 반면에'을 붙인다. 단 'ㄹ' 받침 동사는 'ㄹ'이 없어지고 '-는 반면에'를 붙인다.

받침 O	듣다	→	듣는 반면에
받침 X	가다	→	가는 반면에
ㄹ 받침	살다	→	사는 반면에

형용사의 마지막에 받침이 있으면 '-은 반면에', 받침이 없으면 '-ㄴ 반면에'를 붙인다.
단 'ㄹ' 받침 형용사는 'ㄹ'이 없어지고 '-ㄴ 반면에'를 붙인다.

받침 O	작다	→	작은 반면에
받침 X	크다	→	큰 반면에
ㄹ 받침	멀다	→	먼 반면에
ㅂ 받침	춥다	→	추운 반면에

※ 알맞은 것을 골라 문장을 완성하십시오.

예쁘다	덥다	잘하다	차갑다	뛰어나다	편리하다

<보기>
→ 이 옷은 ___예쁜 반면에___ 입기 불편하다.

1. 한국은 여름에 _____________ 겨울에는 춥다.

2. 도시는 교통이 _____________ 공기가 나쁘다.

3. 내 동생은 겉모습은 _____________ 마음은 따뜻하다.

4. 친구는 운동을 _____________ 공부는 못한다.

5. 그 가수는 노래 실력은 _____________ 춤은 못 춘다.

※ 다음은 '**힘이 나는 삼계탕과 곰탕**'에 관한 글입니다.

삼계탕

곰탕

한국 사람들은 예부터 계절이나 상황에 따라 몸의 기운을 보충하고 건강을 지키기 위해 보양식을 먹어 왔다. 무더운 여름철에 기운을 채우는 대표적인 음식이 삼계탕이라면 계절과 관계없이 한국인의 식탁에서 꾸준히 사랑받는 또 다른 보양식은 곰탕이다.

무더운 여름에는 많은 사람들이 특히 뜨거운 삼계탕을 먹으며 '이열치열(以熱治熱)'의 지혜를 실천한다. 작은 닭 한 마리에 찹쌀, 마늘, 대추, 인삼 등을 넣고 오래 끓이면 국물이 진해진다. 땀으로 부족해진 기운을 보충하고 속을 따뜻하게 하는 데 도움이 된다. 삼계탕은 다른 한국 전통 음식에 비해 역사가 짧은 편이다. 일제 강점기에 부자들이 닭백숙에 인삼 가루를 넣어 먹었던 것이 삼계탕의 시초였다. 이후 1940년대 후반부터 '계삼탕(鷄蔘湯)'이라는 이름으로 식당에서 판매되었고, 1960년대 냉장고의 보급으로 인삼의 장기 보관이 가능해지자 인삼 가루 대신 인삼 한 뿌리를 넣는 현재의 삼계탕(蔘鷄湯)으로 모습이 바뀌었다. 삼계탕을 처음 접하는 사람은 인삼 향이 낯설기 때문에 국물부터 천천히 맛을 보며 먹는 것이 좋다.

곰탕은 소뼈와 고기를 오래 푹 끓여 낸 국물 요리이다. 곰탕은 '고다', 즉 '오래 끓이다'라는 단어에서 유래된 이름으로서 그 의미처럼 긴 시간 정성스럽게 끓여야 완성된다. 맑고 진한 국물에 밥을 말아 먹으면 속이 든든해지고 소고기의 영양까지 더해져 예로부터 기운을 회복하는 음식으로 여겨졌다. 실제로 조선 시대 문헌에도 소뼈를 고아 만든 국물이 몸을 보양할 때 먹는 음식으로 기록되어 있다. 오늘날에는 엄마들이 여행을 떠나기 전에 가족들을 위해 곰탕을 한 번에 많이 끓여 냉동실에 보관해 두는 경우도 많다. 이렇게 준비된 곰탕은 가족들이 엄마의 빈자리를 느끼지 않게 해 준다. 곰탕은 가족에 대한 배려와 엄마의 사랑이 담긴 음식인 셈이다.

최근에는 삼계탕과 곰탕을 포장 제품이나 밀키트 형태로도 판매하고 있어 집에서도 간편하게 즐길 수 있다. 예나 지금이나 삼계탕과 곰탕은 여전히 한국인에게 힘을 주고 건강을 지켜 주는 보양식인 것이다.

1. 삼계탕을 먹는 이유는 무엇입니까?

    ① 매운 맛이 강해 입맛을 살려 주기 때문에

    ② 겨울철에 먹을 수 있는 계절 음식이기 때문에

    ③ 영양이 풍부해서 기운을 회복할 수 있기 때문에

    ④ 조리 시간이 짧아 간편하게 만들 수 있기 때문에

2. 곰탕에 대한 설명으로 맞지 <u>않는</u> 것은 무엇입니까?

    ① 조선 시대에도 곰탕을 보양식으로 먹었다.

    ② 시대가 변하면서 곰탕은 거의 먹지 않게 되었다.

    ③ 밀키트로 판매되어 집에서도 쉽게 즐길 수 있다.

    ④ 엄마들이 여행 가기 전에 많이 끓여서 냉동해 놓는다.

3. 음식 이름 '곰탕'의 유래가 된 단어는 무엇입니까?

MEMO

가: 노트북 새로 샀어? 무거워 보이네

나: 응. 그런데 **무거운 반면에** 성능은 괜찮아.

가: 그래? 원래 다른 모델을 산다고 하지 않았어?

나: 원래 사고 싶던 모델이 품절이라서 그냥 이걸로 샀어.

가: 기다렸다가 사지 그랬어?

나: 사용하던 노트북이 고장 나서 기다릴 수 없었어. 꿩 대신 닭이지만 괜찮아.

 속담 및 관용 표현

꿩 대신 닭

 원래 원하던 것, 또는 가장 좋은 것보다 수준이 떨어지지만 그것 대신에 다른 것을 선택한다는 것을 표현하는 속담이다. 즉, 최선을 얻을 수 없을 때, 차선으로 만족하는 상황을 표현할 때 사용한다. 보통 아쉬움은 있지만 현실적으로 그 상황을 받아들이는 것을 보여 준다.

예 주말에 해외여행 가고 싶었는데 못 가서 가까운 바닷가에 갔어.

꿩 대신 닭이구나.

※ 위의 속담을 사용하여 대화를 완성해 보세요.

가: ____

나: ____

가: ____

나: ____

곰탕

✓ 재료

소뼈 1kg, 소고기 300g, 대파 2대, 마늘 10쪽, 생강 조금, 소금 약간, 후추 약간

✓ 방법

1. 소뼈는 찬물에 담가 피를 뺀 후에 끓는 물에 잠시 데친 후 깨끗이 헹군다.

2. 큰 냄비에 소뼈, 소고기, 마늘, 생강, 물을 넣고 중불이나 약불에서 4~5시간 이상 끓인다.

3. 국물에서 소뼈는 건지고, 고기는 식힌 뒤 소고기를 찢는다.

4. 국물은 체에 걸러 맑게 하고 다시 한 번 끓인다.

5. 그릇에 국물을 담고 찢은 고기를 올린 뒤 소금, 후추로 간한다.

6. 식성에 따라 썬 대파를 넣어 먹는다.

레시피 어휘

- 거르다
- 피를 빼다

11
기원 문화

음식에 담긴 합격 기원

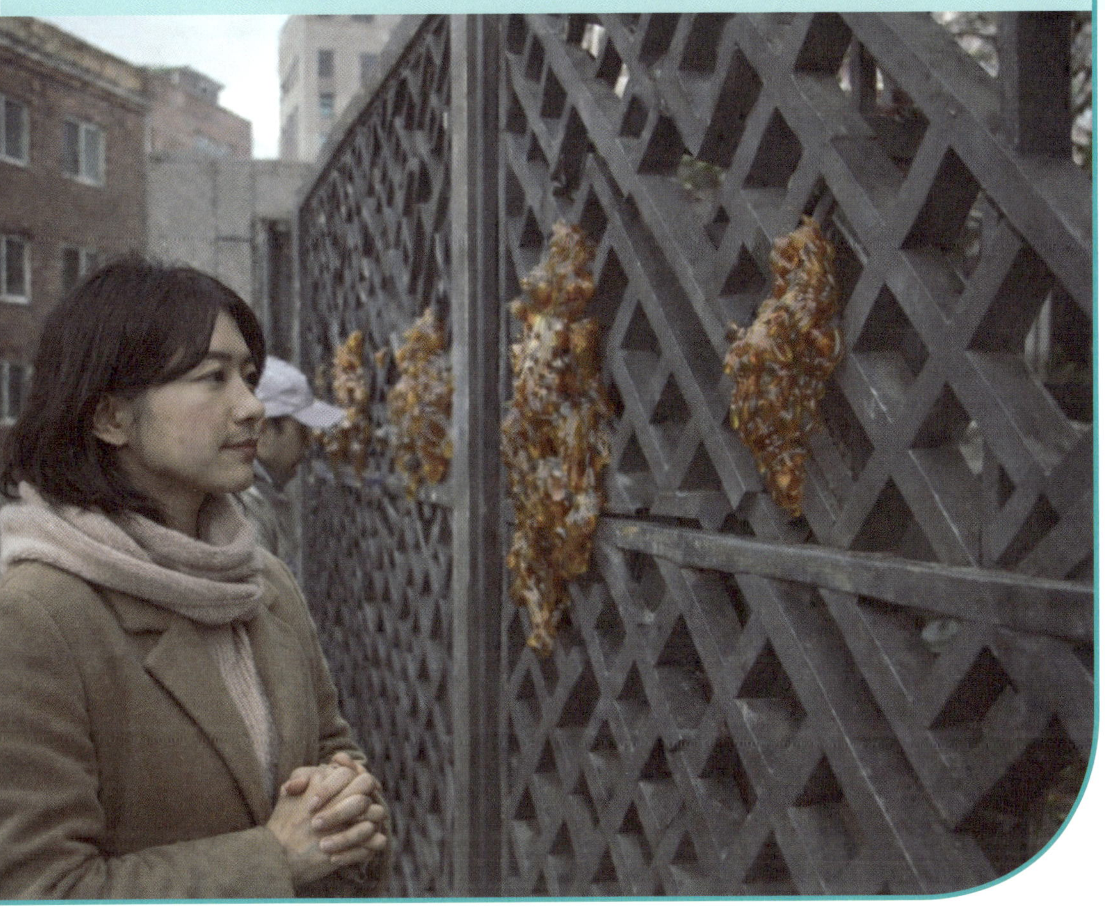

✓ 여러분은 중요한 시험을 앞두고 선물을 받은 경험이 있나요?

✓ 여러분 나라에서는 시험 전에 하면 안 되는 행동은 무엇인가요?

어휘

명사

교문	바람	소음	응원	조치
통제	훈련	견과류	이착륙	항공기

※ 알맞은 것을 골라 문장을 완성하십시오.

1. 나는 땅콩, 호두 같은 (　　　　　　)이/가 들어간 음식을 좋아해요.

2. 폭설로 인해 교통이 일시적으로 (　　　　　)이/가 되었습니다.

3. 수업이 끝나고 (　　　　　)을/를 나가는 학생들의 모습이 즐거워 보여요.

4. 나는 부모님께 도움이 되고 싶은 작은 (　　　　　)이/가 있어요.

5. 라이터를 가지고 (　　　　　)에 탑승할 수 없어요.

동사/형용사

낮추다	다지다	빛나다	폭넓다	간절하다
기도하다	도입되다	속삭이다	집중하다	끈적끈적하다

※ 알맞은 것을 골라 문장을 완성하십시오.

1. 밤하늘의 별이 (　　　　　)-고 있어요.

2. 우리 가게에 최신 키오스크가 (　　　　　)-아/어서 손님들이 주문하기가 편해졌어요

3. 민철이는 게임에 (　　　　　)-(으)면 누가 불러도 몰라요.

4. 그 남자는 언어에 대한 (　　　　　)-(으)ㄴ/는 지식을 가지고 있어요.

5. 나는 언제나 가족의 건강을 위해 (　　　　　)-고 있어요.

A/V-(으)나 마나

- 어떤 행동을 해도 결과나 상황이 바뀌지 않을 때를 나타낸다.

  예 이 책은 <u>읽으나 마나</u> 재미없을 거예요.

- 보통 구어체에서 많이 사용되며, 포기하거나 상황을 받아들이는 느낌이 강하다.

  예 그 친구는 <u>보나 마나</u> 또 늦을 거니까 우리 먼저 밥을 먹자.

▶ 형태

형용사나 동사의 마지막에 받침이 있으면 '-으나 마나', 받침이 없으면 '-나 마나'를 붙인다.
단 'ㄹ' 받침 형용사나 동사는 'ㄹ'이 없어지고 '-나 마나'를 붙인다.

받침 O	먹다	→	먹으나 마나
받침 X	가다	→	가나 마나
ㄹ 받침	살다	→	사나 마나
ㄷ 받침	듣다	→	들으나 마나
ㅂ 받침	눕다	→	누우나 마나

※ 알맞은 것을 골라 문장을 완성하십시오.

오다	듣다	쓰다	있다	먹다	예쁘다

<보기>

→ 그 사람은 __오나 마나__ 도움이 안 돼요.

1. 엄마가 만든 음식은 _______ 늘 맛있어요.

2. 최근 나온 그 가수의 노래는 _______ 똑같을 거예요.

3. 젓가락은 한 짝만 있으면 _______ 소용없어요.

4. 비가 이렇게 많이 오는 날에는 우산을 _______ 옷이 다 젖어요.

5. 얼굴이 _______ 성격이 좋아야지!

※ 다음은 '**음식에 담긴 합격 기원**'에 관한 글입니다.

찹쌀떡

엿

최근 수능 선물

매년 11월 대학수학능력평가(수능) 시험장이 된 고등학교 문 앞은 작은 축제이자 응원과 간절한 기원의 공간이 된다. '수능 대박' 리본과 응원 스티커가 철문에 붙고 부모들은 철문 앞에서 속삭이듯 기도한다. 부모들의 모든 손에는 엿과 찹쌀떡이 있다. 이 음식들은 끈적끈적해서 잘 '붙는' 특성이 있기 때문에 시험에도 꼭 '붙기'를 바라는 마음이 담겨 있다. 이는 매서운 찬 바람이 시작되는 11월 중순 한국에서 흔히 볼 수 있는 풍경이다.

수능 날에는 영어 듣기 시험 시간 동안 항공기 이착륙 금지, 공사 및 군사 훈련 중단, 시험장 주변 교통 소음 최소화 등 국가 차원의 폭넓은 소음 통제가 시행된다. 이 모든 것은 조용한 환경을 만들어 수험생이 시험에만 집중하도록 돕는 조치인 것이다.

엿은 조선 시대 과거시험을 볼 때부터 수험생과 함께했다는 기록이 있다. 사탕처럼 달고 끈적끈적한 엿을 입에 넣으면 긴장이 풀리면서 '시험을 잘 보자'라는 의지를 다지게 된다. 이러한 전통이 오늘날까지 이어져 엿은 수험생들에게 달콤한 간식을 넘어 희망과 응원의 의미를 전하는 특별한 음식으로 전해지고 있다.

오늘날 수능을 대표하는 또 하나의 선물은 찹쌀떡이다. 찹쌀떡은 수능이 도입되기 이전부터 시험과 관련된 일에 합격을 기원하는 음식으로 사랑받아 왔다. 둥글고 하얀 떡 속에 팥이 들어간 모양은 일본의 모치(Mochi)에서 유래했지만 '큰 복'이라는 의미와 찹쌀이라는 끈적끈적한 성질이 '시험에 붙는다'는 바람과 만나면서 한국만의 응원 음식으로 자리 잡았다.

최근 합격 기원 선물은 더 실용적으로 변했다. 비타민, 홍삼, 초콜릿, 견과류와 같은 건강식과 문제를 잘 찍고 잘 풀라는 의미의 포크와 휴지 등이 인기를 얻고 있다. 이런 응원 음식을 **먹으나 마나** 실제로 시험 결과가 바뀌지는 않겠지만 합격 기원과 응원은 수험생의 불안을 낮추는 데 도움이 된다. 중요한 것은 음식 그 자체가 아니라 '너는 할 수 있어'라는 메시지다. 시대가 바뀌어도 이 응원의 마음은 여전히 교문 앞에서 빛난다.

1. 합격 기원 선물의 변화에 대한 설명으로 맞는 것은 무엇입니까?

    ① 비싼 선물보다 저렴한 선물을 선호한다.

    ② 최근에는 응원 음식 대신에 돈을 선물한다.

    ③ 엿과 찹쌀떡에서 실용적인 선물로 바뀌었다.

    ④ 전통 음식 대신 일본 음식을 선물하기 시작했다.

2. 윗글의 내용과 <u>다른</u> 것은 무엇입니까?

    ① 엿은 조선 시대에 과거시험 때도 먹었다.

    ② 엿과 찹쌀떡은 한국에서 처음 만들어졌다.

    ③ 엿과 찹쌀떡은 시험에 '붙는다'는 의미를 가진다.

    ④ 항공기 이착륙 금지는 수능 듣기 시험을 위한 것이다.

3. 시험 문제를 잘 찍으라는 의미로 주는 선물은 무엇입니까?

MEMO

가: 주말에 떡볶이 만들어 볼래요? 만들 줄 알아요?

나: 그럼요. 요리법이 간단해서 **누워서 떡 먹기**예요.

가: 정말요? 재료는 뭐가 필요해요?

나: 간단해요. 떡볶이 떡, 어묵, 고추장, 설탕 그리고 간장만 있으면 돼요.

가: 재료도 많이 필요 없네요. 만드는 데 오래 걸려요?

나: 아뇨. 재료만 있으면 오래 걸리지 않아요.

 ## 속담 및 관용 표현

누워서 떡 먹기

하기가 매우 쉬운 일을 표현하는 속담이다. 실제로 누워서 떡을 먹으면 목에 걸릴 위험이 있어서 오히려 하면 안 되는 행동이다. 하지만 이 속담에서는 이와 반대로 편안하게 누워서 음식을 먹는 듯이 **'어떤 일을 매우 쉽게 할 수 있다'**는 의미로 사용된다. 비슷한 속담으로는 '식은 죽 먹기'가 있다.

예
이 수학 문제 풀 수 있어?

이거 쉽네. 이런 문제는 **누워서 떡 먹기**지!

※ 위의 속담을 사용하여 대화를 완성해 보세요.

가: ____

나: ____

가: ____

나: ____

※ 여러분 나라의 **'기원을 담은 음식'**에 대해 소개하는 글을 200~300자 정도로 써 보세요.

12
장례 문화

슬픔을 함께 나누는 육개장 장례 문화

✔ 여러분 나라에서는 장례식을 며칠 동안 하나요?

✔ 여러분 나라의 장례식에서는 무슨 꽃을 사용하나요?

 **어휘**

명사/부사

고인	상주	얼핏	업체	의례
절차	허기	고사리	장례식	조문객

※ 알맞은 것을 골라 문장을 완성하십시오.

1. 결혼식은 인생의 중요한 (   ) 중 하나예요.

2. 장례식장에 많은 (   )이/가 찾아와서 가족들을 위로했어요.

3. 아침을 못 먹고 나와서 점심 때쯤 심한 (   )을/를 느꼈어요.

4. 장례식장에서 (   )은/는 찾아온 손님들에게 인사를 했어요.

5. 그 영화는 전쟁 중에 목숨을 잃은 (   )을/를 기리기 위해 만들었어요.

동사/형용사

쫓다	기리다	다하다	떠먹다	데우다
올리다	치르다	넉넉하다	맞이하다	추모하다

※ 알맞은 것을 골라 문장을 완성하십시오.

1. 결혼식을 (   )-고 나니까 결혼했다는 것이 정말 실감이 나네요.

2. 새해를 (   )-(으)ㄹ 때마다 저는 금연을 하겠다고 결심해요.

3. 목이 아파서 죽을 조금씩 (   )-았/었어요.

4. 스승의 날은 선생님들의 사랑과 은혜를 (   )-(으)ㄴ/는 날이에요.

5. 냉장고에 넣어 둔 국이 차가워서 다시 (   )-아/어서 먹었어요.

V-다시피

- 듣는 사람이 이미 알고 있는 정보라는 것을 나타낸다.

  예 여러분도 <u>알다시피</u> 이 책은 한국 음식 문화에 대한 책이에요.

V-다시피 하다

- 어떤 행동을 거의 비슷하게 한다는 것을 나타낸다.

  예 학생들은 시험 기간에 도서관에서 <u>살다시피 한다</u>.

▶ 형태

동사의 마지막 모음이나 받침에 관계없이 '-다시피'을 붙인다.

받침 O	듣다	→	듣다시피
받침 X	보다	→	보다시피

※ 알맞은 것을 골라 문장을 완성하십시오.

보다	알다	듣다	먹다	굶다	느끼다

───────── <보기> ─────────

→ <u>보다시피</u> 밖에 비가 와요.

1. 여러분도 지금 ＿＿＿＿＿＿＿ 이 노래는 멜로디가 좋아요.

2. 제 친구는 다이어트를 하느라고 매일 ＿＿＿＿＿＿ 해요.

3. 여러분도 ＿＿＿＿＿＿ 다음 주에 시험이 있어요.

4. 육개장을 좋아해서 거의 매일 ＿＿＿＿＿＿ 해요.

5. 한국에 살면서 ＿＿＿＿＿＿ 요즘 물가가 너무 많이 올랐어요.

※ 다음은 '**슬픔을 함께 나누는 육개장**'에 관한 글입니다.

육개장

한국의 장례식은 슬픔 속에서도 남은 사람들이 함께 모여 서로를 위로하고 고인의 삶을 기리는 의례다. 보통 장례식은 3일장으로 치르며 상주와 가족들이 조문객을 맞이하고 제사를 올리며 장례 절차를 이어 간다. 이때 장례식 음식은 배를 채우기 위한 식사가 아닌 고인을 추모하고 정성을 다해 조문객을 대접하려는 마음을 나타낸다. 이러한 장례식 음식 중 가장 대표적인 것이 육개장이다.

육개장은 소고기를 푹 고아 국물을 내고 고사리, 토란대, 대파, 숙주 등을 넣어 얼큰하게 끓인 국물 요리다. 붉은 고춧가루 국물은 얼핏 매워 보이지만 깊은 국물 맛과 부드러운 고기가 조화를 이루어 힘든 장례 절차를 치르는 상주와 먼 길을 찾아온 조문객들에게 큰 위로가 된다. 따뜻한 국물을 한 숟가락 떠먹으면 몸이 풀리고 아픔도 조금은 달래진다.

육개장이 장례식 음식으로 자리 잡은 데에는 몇 가지 이유가 있다. 가장 큰 이유는 붉은색의 국물 때문이다. 옛날부터 한국 사람들은 붉은색이 나쁜 기운을 쫓는다고 믿었다. 또 육개장은 오래 두었다가 다시 데워도 맛이 크게 변하지 않아 장례식 기간 내내 음식을 준비해야 하는 가족들에게도 편했다. 그리고 육개장은 큰 냄비에 끓이면 양이 넉넉하여 한꺼번에 많은 사람들을 대접할 수 있는 음식이었다.

오늘날에도 육개장은 장례식의 대표 음식으로 남아 있다. 과거에는 집안 어른들이 직접 음식을 준비했지만 지금은 전문 업체가 장례 음식을 준비한다. 그럼에도 불구하고 육개장은 여전히 가장 많이 찾는 메뉴이다. 더 나아가 육개장은 장례식뿐만 아니라 일상 속에서도 즐겨 먹는 음식이 되었다. 피곤할 때나 기운이 떨어졌을 때 사람들은 따뜻한 육개장 한 그릇을 찾는다. 장례식에서 육개장이 슬픔을 달래는 음식이었다면 오늘날에는 개인의 피로와 허기를 없애 주는 보양식이 되었다. 결국 육개장은 장례 문화를 대표하는 음식이자 한국인의 삶 속에서 슬픔과 위로를 함께 나누는 음식이다. 현재에도 육개장은 한국 장례 문화에서 중요한 의미를 지니고 있다.

1. 장례식에서 육개장을 대접하는 이유로 맞지 <u>않는</u> 것은 무엇입니까?

    ① 다시 데워도 맛이 크게 변하지 않는다.

    ② 한꺼번에 많은 사람을 대접할 수 있다.

    ③ 특별한 날에만 먹는 귀한 재료로 만들었다.

    ④ 붉은색의 국물이 나쁜 기운을 쫓는다고 믿었다.

2. 오늘날 육개장에 대한 설명으로 알맞은 것은 무엇입니까?

    ① 외국인 관광객을 위한 특별 음식으로 바뀌었다.

    ② 과거에는 즐겨 먹었지만 지금은 거의 사라졌다.

    ③ 장례식 음식으로 먹고 일상에서는 먹지 않는다.

    ④ 여전히 장례식에서 가장 많이 대접하는 음식이다.

3. 한국의 장례식은 보통 며칠 동안 진행됩니까?

MEMO

가: 민준 씨, 할아버지께서 돌아가셨다면서요? 어떻게 위로해야 할지 모르겠어요.

나: 네, **아시다시피** 갑자기 돌아가셔서 아직도 믿기지 않아요. 가족 모두 힘든 시간을 보내고 있어요.

가: **삼가 고인의 명복을 빕니다**. 힘내세요.

나: 감사합니다. 위로 말씀 덕분에 힘이 납니다.

가: 도울 일이 있으면 언제든지 말씀해 주세요.

나: 네. 말씀만으로도 감사합니다.

삼가 고인의 명복을 빕니다

'삼가'는 공손히, '명복'은 죽은 사람의 복을 말한다. **고인을 정중히 추모하고, 사후에 편안한 길을 가시길 바란다**는 것을 표현하는 관용 표현이다. 누군가 사망했을 때, 장례식 조문, 문자 메시지, 부고 알림, 추모 글 등에 사용된다. 매우 공손하고 공식적인 표현이다.

> 예 🧑 장례식에 가려고 하는데 봉투에 뭐라고 쓰면 돼요?
>
> 🧑 **"삼가 고인의 명복을 빕니다"**라고 쓰면 돼요.

※ 위의 관용 표현을 사용하여 대화를 완성해 보세요.

가: ____

나: ____

가: ____

나: ____

육개장

✓ 재료

소고기 양지 200g, 숙주 100g, 고사리 50g, 대파 1대, 달걀 1개,
고춧가루 2큰술, 간장 2큰술, 다진 마늘 1큰술, 참기름 1큰술, 소금 약간, 후추 약간

✓ 방법

1. 소고기를 물에 넣고 1시간쯤 푹 끓여 국물을 낸다.
2. 고기는 건져서 찢고 국물은 체에 걸러 맑게 준비한다.
3. 찢은 고기에 고춧가루, 간장, 다진 마늘, 참기름을 넣어 양념한다.
4. 냄비에 국물을 넣고 양념한 소고기, 고사리, 숙주를 함께 넣어 끓인다.
5. 끓는 동안 달걀을 풀어 넣고 대파를 썰어 넣는다.
6. 소금, 후추로 간을 맞추고 한 번 더 끓이면 완성된다.

레시피 어휘

- 체 
- 국물을 내다
- 달걀을 풀다

PART 2
음식과 도시

13
수도권

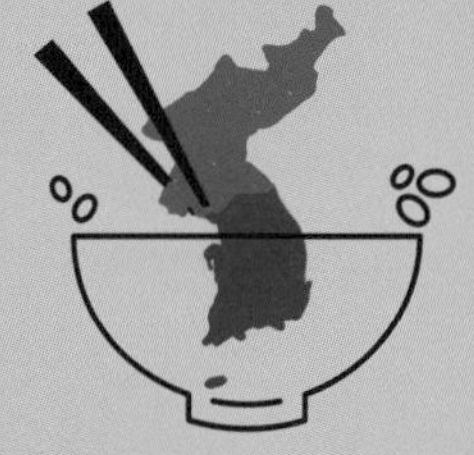

서울의 맛, 불고기

✓ 여러분 나라에서 외국인들에게 인기가 있는 음식은 무엇인가요?

✓ 여러분 나라에서 같은 음식이라도 지역마다 다르게 만들어 먹는 음식이 있나요?

 **어휘**

<table>
<tr><td colspan="5" align="center">명사</td></tr>
<tr><td>만남</td><td>무렵</td><td>숯불</td><td>수도</td><td>연기</td></tr>
<tr><td>역할</td><td>일상</td><td>주문</td><td>지역</td><td>특징</td></tr>
</table>

※ 알맞은 것을 골라 문장을 완성하십시오.

1. 나는 반복되는 (　　　　　　)이/가 싫어서 배낭여행을 시작했어요.

2. 박 사장님은 업무와 관련된 (　　　　　　)이/가 아니더라도 사람들을 만나려고 해요.

3. 대한민국의 (　　　　　　)은/는 서울이에요.

4. 한국은 사계절이 뚜렷하다는 (　　　　　　)이/가 있어요.

5. 삼겹살을 구울 때마다 (　　　　　　)이/가 저한테로 와요.

<table>
<tr><td colspan="5" align="center">동사/형용사</td></tr>
<tr><td>거치다</td><td>둥글다</td><td>비하다</td><td>빼놓다</td><td>거듭하다</td></tr>
<tr><td>반복하다</td><td>생겨나다</td><td>올라오다</td><td>주목받다</td><td>풍부하다</td></tr>
</table>

※ 알맞은 것을 골라 문장을 완성하십시오.

1. 추석에 한국 사람들은 (　　　　　　)-(으)ㄴ/는 보름달을 보면서 소원을 빌어요.

2. 하루 종일 같은 노래를 (　　　　　　)-아/어서 들으니까 매우 지루해요.

3. 4호선 열차는 서울역을 (　　　　　　)-아/어서 명동역으로 가요.

4. 선생님은 저에게 주실 책을 미리 책장에서 (　　　　　　)-고 기다리고 계셨어요.

5. 이 노트북은 대기업 제품에 (　　　　　　)-아/어서 저렴한 편이다.

N에 비하여

- 비교의 대상이나 기준을 나타낸다.

  예 사샤는 <u>안톤에 비해서</u> 한국어를 잘해요.
     (= 사샤는 안톤보다 한국어를 잘해요.)

- 'N에 비하면/비해(서)'로 바꿔 사용할 수 있다.

  예 우리 교수님은 <u>나이에 비하여</u> 젊어 보이세요.
     = 우리 교수님은 <u>나이에 비하면/비해(서)</u> 젊어 보이세요.

- 비교의 의미를 강조하기 위해 '더', '덜', '훨씬' 등과 함께 자주 사용한다.

  예 서울식 불고기는 언양 <u>불고기에 비하여</u> **더** 달아요.

▶ 형태

명사의 마지막 받침과 관계없이 '에 비하여'를 붙인다.

받침 O	점심	→	점심에 비하여
받침 X	학교	→	학교에 비하여

※ 알맞은 것을 골라 문장을 완성하십시오.

영화	나이	쓰기	실력	작년	학교

— <보기> —

→ 미나는 <u>영희에 비하여</u> 공부를 잘한다.

1. 내 동생은 ______________ 키가 크다.

2. 우리 학교 등록금은 다른 ______________ 비싸지 않은 편이다.

3. 서울 생활비가 ______________ 올해 훨씬 더 많이 든다.

4. 한국어 읽기는 ______________ 조금 더 쉬운 것 같다.

5. 내 친구는 ______________ 좋은 학교에 입학했다.

※ 다음은 '**서울의 맛, 불고기**'에 관한 글입니다.

서울식 불고기

언양식 불고기

광양식 불고기

최근 세계에서 가장 주목받고 있는 도시들 중 하나인 서울은 대한민국의 수도다. 서울은 1394년에 태조 이성계가 수도를 개경에서 한양으로 옮긴 뒤 오늘날까지 수도의 역할을 이어 왔다. 서울의 역사와 함께한 불고기는 오랫동안 사랑받아 온 서울의 대표적인 음식이다.

불고기의 유래는 고구려 시대의 '맥적'에서 찾을 수 있다. 이후 조선 시대 왕실의 '너비아니'를 거쳐 오늘의 서울식 불고기로 이어졌다. 서울식 불고기는 국물이 적고 달콤한 간장 양념이 특징인데 고기에 파와 버섯 같은 재료를 함께 넣어 부드럽게 즐긴다.

불고기로 유명한 도시로 언양과 광양을 빼놓을 수 없다. 언양불고기는 국물 없이 숯불에 구워 먹는 것이 서울식 불고기와 다른 점이다. 서울식은 **언양불고기에 비하여** 재료가 풍부하고 국물이 있으며 양념이 달고 식감이 부드럽다. 반면 광양불고기는 주문 즉시 양념해 숯불에 굽기 때문에 국물이 없고 불맛이 강하다. 이렇게 지역마다 요리 방법이 달라 불고기의 맛도 다르다. 명동과 을지로 같은 중심가의 식당에서 파는 불고기가 외국인들에게 한국을 대표하는 소울 푸드로 자주 소개된다. 물론 한국인의 외식 메뉴로도 인기가 높다.

서울의 고깃집 문화는 둥근 식탁을 사이에 두고 고기를 구우며 대화를 나누는 모습으로 대표된다. 회식, 데이트, 가족 모임 등 여러 만남에서 불고기는 사람들을 이어주는 역할을 한다. 요즘은 전통적인 간장 양념뿐만 아니라 와인에 재우거나 허브를 넣은 메뉴도 생겨났다. 또한 햄버거나 타코에 불고기를 넣어 만든 새로운 메뉴도 생겨나 선택의 폭이 넓어졌다.

저녁 무렵, 고깃집에서 연기가 올라오는 풍경은 서울의 과거와 오늘을 함께 보여 준다. 전통에서 시작해 변화를 거듭해 온 서울식 불고기는 다른 지역의 불고기에 비하여 한국인의 일상에 더 친숙한 음식으로 자리 잡았고, 이제는 한국을 넘어 세계인의 입맛을 사로잡고 있다.

1. 서울식 불고기에 대한 설명으로 맞는 것은 무엇입니까?

    ① 주문 즉시 양념해 국물이 없다.

    ② 매운 고춧가루 양념이 중요하다.

    ③ 국물이 적고 달콤한 양념이 특징이다.

    ④ 국물 없이 숯불에 구워 불맛을 강조한다.

2. 윗글의 내용과 <u>다른</u> 것은 무엇입니까?

    ① 불고기는 고구려 시대의 '맥적'에서 시작되었다.

    ② 불고기 햄버거나 불고기 타코 같은 메뉴가 생겼다.

    ③ 언양불고기는 서울식 불고기에 비하여 양념이 덜 달다.

    ④ 언양불고기는 국물이 있어서 다양한 재료를 넣어 만든다.

3. 1394년 서울과 관련해 일어난 중요한 역사적 사건은 무엇입니까?

MEMO

가: 어제 발표 PPT에 맞춤법 실수가 많아서 망쳤어!

나: 그랬구나.

가: 그래서 발표 끝나고 틀린 부분을 고쳤어.

나: **소 잃고 외양간 고쳤네.**

가: 맞아. 앞으로는 발표하기 전에 미리 한 번 더 봐야겠어.

나: 그래. 다음에는 같은 실수하지 마.

속담 및 관용 표현

소 잃고 외양간 고친다

문제가 생긴 뒤에 뒤늦게 대책을 세우는 것은 어리석은 일이라는 것을 표현하는 속담이다. '소를 잃어버린 다음에 필요 없어진 외양간을 튼튼하게 고친다'는 것은 어리석은 일이다. 즉, 일이 일어나기 전에 미리 준비하고 대비하는 것이 중요하다는 것을 강조하는 말이다.

예 오늘 시험 망쳤어. 열심히 공부할걸.

이럴 때 **소 잃고 외양간 고친다**고 하는 거야. 미리 열심히 공부하지!

※ 위의 속담을 사용하여 대화를 완성해 보세요.

가: ____

나: ____

가: ____

나: ____

※ 여러분 나라의 **'수도를 대표하는 음식'**에 대해 소개하는 글을 200~300자 정도로 써 보세요.

14
수도권

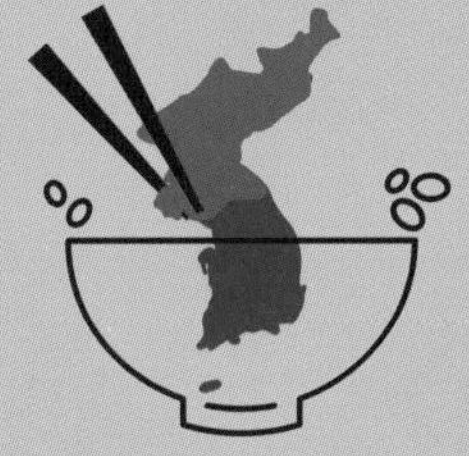

수원 여행의 즐거움, 갈비

✓ 서울 근교의 도시 중에서 가 보고 싶은 곳은 어디인가요?

✓ 여러분이 서울 근교의 도시에 간다면 무엇을 하고 싶은가요?

 **어휘**

명사/부사				
상	갈비	단연	배즙	본사
성곽	식욕	풍미	중심지	첨단 산업

※ 알맞은 것을 골라 문장을 완성하십시오.

1. 요즘 스트레스가 많아서 그런지 (   )이/가 없어요.

2. 수원은 삼성의 (   )이/가 있는 곳이에요.

3. 이 지역에 반도체를 만드는 (   ) 단지가 들어설 예정이에요.

4. 엄마가 주말에 직접 (   )을/를 구워 주셨어요.

5. 추석 때 온 가족이 (   )에 둘러앉아 밥을 먹었어요.

동사/형용사				
씹다	익다	줄짓다	재우다	건설되다
공존하다	두툼하다	지정되다	짭짤하다	푸짐하다

※ 알맞은 것을 골라 문장을 완성하십시오.

1. 유명한 갈빗집 앞에 손님들이 (   )-아/어 서 있어요.

2. 이 고기는 너무 질겨서 오래 (   )-아/어야 해요.

3. 고기를 양념에 2시간쯤 (   )-아/어 두니까 훨씬 맛있어요.

4. 감자가 완전히 (   )-(으)면 불을 꺼 주세요.

5. 요즘은 얇은 돈가스가 아니라 (   )-(으)ㄴ/는 돈가스가 인기가 많아요

V-(으)ㄹ 만하다

- 해 볼 가치가 있다, 시도하거나 추천할 수 있을 정도로 괜찮다는 것을 나타낸다.

  예 그 식당 음식이 맛있어서 <u>먹을 만해요</u>.

- 어떤 것이 좋지는 않지만 나쁘지도 않다는 것을 나타낸다.

  예 이를 치료하는 것이 아프지만 <u>참을 만해요</u>.

- '-아/어 보다'와 함께 만나서 '-아/어 볼 만하다'로 자주 사용한다.

  예 수원은 서울과 가깝고 갈비도 맛있어서 <u>가 볼 만해요</u>.

▶ 형태

동사의 마지막에 받침이 있으면 '-을 만하다', 받침이 없으면 '-ㄹ 만하다'를 붙인다.
단 'ㄹ' 받침 동사는 'ㄹ'이 없어지고 '-ㄹ 만하다'를 붙인다.

받침 O	먹다	→	먹을 만하다
받침 X	가다	→	갈 만하다
ㄹ 받침	살다	→	살 만하다
ㄷ 받침	듣다	→	들을 만하다
ㅂ 받침	눕다	→	누울 만하다

※ 알맞은 것을 골라 문장을 완성하십시오.

보다	먹다	사다	풀다	읽다	산책하다

<보기>

→ 이 영화는 재미있어서 한번 <u>볼 만하다</u>.

---

1. 이 책은 어려운 내용이지만, 생각할 점이 많아서 ＿＿＿＿＿＿＿ .

2. 떡볶이는 조금 맵기는 하지만 ＿＿＿＿＿＿＿ .

3. 오늘은 날씨가 선선해서 ＿＿＿＿＿＿＿ .

4. 이 문제는 어렵지 않아서 혼자서도 ＿＿＿＿＿＿＿ .

5. 이 옷은 예쁘지는 않지만 값이 싸서 ＿＿＿＿＿＿＿ .

※ 다음은 '**수원 여행의 즐거움, 갈비**'에 관한 글입니다.

수원 갈비

경기도청이 위치한 수원은 서울과 가까워 수도권의 교통과 문화 중심지의 역할을 해 왔다. 조선 정조 시대에 건설된 수원화성은 유네스코 세계문화유산으로 지정되어 매년 많은 관광객을 불러 모은다. 오늘날 수원은 삼성전자 본사가 있는 첨단 산업 도시이면서도 전통과 현대가 공존하는 도시로 알려져 있다. 이러한 수원을 대표하는 음식으로는 단연 수원 갈비를 빼놓을 수 없다.

간장, 설탕, 배즙 등에 재워 달콤하면서도 짭짤한 맛이 특징인 다른 지역의 양념 갈비와 달리 수원 갈비는 소금으로만 양념을 해서 구워 먹는 요리다. 일반 갈비에 비해 두툼하고 양이 넉넉해 푸짐함을 자랑하며 갈비뼈 하나가 손바닥만큼 커서 외국인들에게도 강한 인상을 준다. 숯불에 구워서 갈비가 익는 동안 퍼져 나오는 향은 식욕을 돋우고 소금으로 양념한 고기는 씹을수록 풍미가 살아난다. 그래서 상에 고기와 함께 함께 나오는 다양한 반찬들과 수원 갈비를 먹으면 그 맛이 서로 조화롭게 어울려 한국의 진정한 맛을 느낄 수 있다.

그렇다면 수원에서 갈비가 유명해진 이유는 무엇일까? 첫째, 1940년대까지 수원에는 한국에서 가장 큰 우시장*이 있었기 때문에 고기를 구하기 쉽고 품질도 뛰어났다. 그래서 자연스럽게 고기를 활용한 요리가 발달했다. 둘째, 1960~70년대 교통이 발달하면서 서울과 가까운 수원은 외식 문화의 중심지가 되었다. 이후 갈빗집들이 줄지어 생겨나면서 '수원 갈비 거리'가 형성되었다. 셋째, 손님을 넉넉하게 대접하는 수원의 인심이 더해져 '푸짐한 갈비'라는 인식이 널리 퍼졌다. 이런 배경 덕분에 수원 갈비는 전국적으로 유명해졌다.

오늘날 수원 갈비는 수원을 대표하는 상징이자 한국 외식 문화를 보여 주는 음식이다. 그래서 수원을 찾는 사람들은 수원화성의 성곽을 둘러본 뒤, 갈비 거리에 들러 두툼한 수원 갈비를 맛보며 여행의 즐거움을 더한다. 외국인들에게도 수원 갈비는 한국을 대표하는 고기 요리로 알려져 있어 한국식 숯불구이 문화를 직접 경험하려는 관광객들이 많이 찾는다.

———————————————

* 우시장: 소를 사고파는 시장.

1. 수원 갈비의 특징으로 맞는 것은 무엇입니까?

    ① 달콤하면서도 짭짤한 맛이 난다.

    ② 일반 갈비보다 두툼하고 푸짐하다.

    ③ 고기양이 적당해서 가볍게 먹을 수 있다.

    ④ 감칠맛이 강해 다른 반찬과 어울리지 않는다.

2. 수원에서 갈비가 유명해진 이유로 맞지 <u>않는</u> 것은 무엇입니까?

    ① 수원에 갈빗집들이 줄지어 생겼기 때문에

    ② 수원은 과거에 소를 사고파는 중심지였기 때문에

    ③ 수원의 인심이 더해져서 갈비양이 푸짐했기 때문에

    ④ 수원에 유네스코 세계문화유산인 화성이 있기 때문에

3. 수원화성은 언제 건설되었습니까?

MEMO

가: 오늘도 민수가 지각했더라. 벌써 세 번째야.

나: 그러게. 매번 지각하지 말라고 말해도 듣질 않아.

가: 지난번에도 지각해서 교수님께 야단맞았잖아. 내가 봐도 교수님께 **혼날 만했어**.

나: 맞아. 그때도 죄송하다고 하더니 또 똑같더라고.

가: 아무리 말해도 소용없어. **소 귀에 경 읽기**야.

나: 이번 학기에 장학금을 못 받아야 정신을 차릴 것 같아.

 **속담 및 관용 표현**

소 귀에 경 읽기

아무리 좋은 말이나 조언도 들으려고 하지 않으면 그 말이 아무 의미가 없다는 것을 표현하는 속담이다. 상대방이 말하는 의도를 이해 못 하거나 반응이 없는 사람에게 아무리 말해도 소용이 없다는 뜻이다.

예　내일이 시험인데 아무리 딸한테 공부하라고 말해도 게임만 하고 있어.

　아이고, 정말 **소 귀에 경 읽기**네.

※ 위의 속담을 사용하여 대화를 완성해 보세요.

가: ____

나: ____

가: ____

나: ____

불고기

✓ 재료

소고기(불고기용) 300g, 양파 1/2개, 대파 1대, 당근 약간

간장 3큰술, 설탕 1큰술, 다진 마늘 1큰술, 참기름 1큰술, 후춧가루 약간, 깨소금 약간

✓ 방법

1. 양파, 대파, 당근을 얇게 채 썬다.

2. 간장, 설탕, 다진 마늘, 참기름, 후춧가루를 섞어 양념장을 만든다.

3. 소고기를 양념장에 넣고 채소도 함께 넣어 20~30분 정도 재운다.

4. 팬을 달군 후 재운 고기와 채소를 함께 넣고 볶는다.

5. 고기가 다 익으면 접시에 담는다.

6. 식성에 따라 깨소금을 뿌려 마무리한다.

레시피 어휘

- 채(를) 썰다
- 팬을 달구다

15
강원도

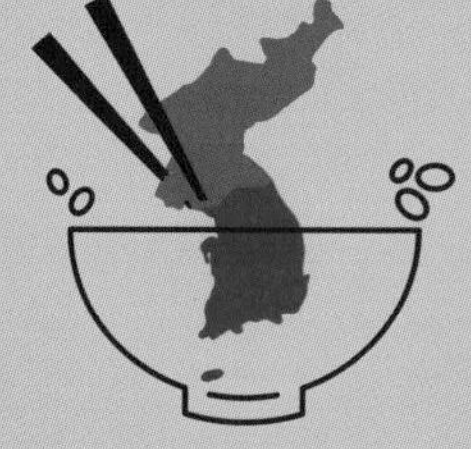

춘천, 닭갈비와 막국수

✓ 여러분 나라에서 음식으로 유명한 거리들이 있나요?

✓ 여러분 고향을 대표하는 음식은 무엇인가요?

명사

기후	대신	매력	부담	상승
사정	시절	장점	짝꿍	철판

※ 알맞은 것을 골라 문장을 완성하십시오.

1. 저는 저의 (　　　　　　　)을/를 고려해서 전공을 선택했어요.

2. 해외로 유학을 가는 것은 경제적인 (　　　　　　　)이/가 돼요.

3. 이번 학기는 개인적인 (　　　　　　　)(으)로 휴학을 결정했어요.

4. 저와 제 친구는 어린 (　　　　　　　) 이야기를 오랫동안 나누었어요.

5. 저는 배가 고프지 않아서 밥 (　　　　　　　) 간단하게 빵을 먹었어요.

동사/형용사

떼다	달래다	손쉽다	다양하다	대체하다
떠오르다	메마르다	뽑아내다	서늘하다	형성하다

※ 알맞은 것을 골라 문장을 완성하십시오.

1. 썩은 이는 빨리 (　　　　　　　)-아/어야 해요.

2. 벽에 붙어 있던 스티커를 (　　　　　　　)-아/어서 버렸어요.

3. 요즘 이 골목은 예쁜 카페가 많아지면서 새로운 관광지로 (　　　　　　　)-고 있어요.

4. 인공지능(AI) 검색 기능을 통해 자료나 정보를 (　　　　　　　)-게 찾을 수 있어요.

5. 요즘 아침저녁으로 (　　　　　　　)-(으)ㄴ/는 바람이 불어요.

N(으)로 인하여

- 어떤 상황에 대한 원인이나 이유를 나타낸다.
  예 모든 행사는 <u>태풍으로 인하여</u> 취소되었어요.

- 'N(으)로 인해(서)'로 바꿔 사용할 수 있다.
  예 <u>공사로 인해(서)</u> 길이 많이 막힌다.

- 공식적인 표현으로 뉴스, 공문서, 학술 텍스트에서 많이 사용한다.
  예 이번 <u>폭우로 인하여</u> 많은 실종자가 발생했습니다.

▶ 형태
명사의 마지막에 받침이 있으면 '으로 인해', 받침이 없으면 '로 인해'를 붙인다.
단 'ㄹ' 받침이 있으면 '로 인해'를 붙인다.

받침 O	태풍	→	태풍으로 인하여
받침 X	사고	→	사고로 인하여
ㄹ 받침	아들	→	아들로 인하여

※ 알맞은 것을 골라 문장을 완성하십시오.

오해	발달	사고	산불	차이	홍수

─── <보기> ───
→ 나는 <u>오해로 인하여</u> 여자 친구와 헤어졌다.

1. 백화점에서 일어난 _______________ 많은 사람들이 다쳤다.

2. 교통의 _______________ 출퇴근 시간이 줄어들었다.

3. 지난주에 발생한 _______________ 지하실이 물에 잠겼다.

4. 이번 _______________ 숲에 있던 많은 나무들이 타 버렸다.

5. 그 부부는 성격 _______________ 헤어지게 되었다.

※ 다음은 **'춘천, 닭갈비와 막국수'**에 관한 글입니다.

춘천 닭갈비

막국수

　한국 사람들은 강원도 춘천을 생각하면 가장 먼저 닭갈비와 막국수를 떠올린다. 이 두 음식은 지역의 유명 먹거리를 넘어 춘천이라는 도시의 특성을 잘 보여 준다.

　닭갈비의 역사를 알려면 1960년대 말로 올라가야 한다. 당시 돼지고기 가격의 **상승으로 인하여** 서민들의 경제적 부담이 커졌다. 이 때문에 저렴하고 손쉽게 구할 수 있는 닭고기가 돼지고기를 대체하는 식재료로 떠오르기 시작했다. 춘천의 명동 닭갈비 골목은 처음에는 돼지갈비를 팔던 가게들이 있었다고 한다. 돼지고기 가격이 오르면서 이 가게들은 닭갈비로 메뉴를 바꾸었고 닭갈비 골목을 형성하게 되었다. 당시 춘천의 닭갈비는 숯불에 구워 먹었는데, 학교 앞이나 시장에서 팔아서 '서민 갈비' 또는 '대학생 갈비'로 불렸다. 왜냐하면 저렴한 가격 덕분에 주머니 사정이 가벼운 학생들이나 서민들에게 큰 인기를 끌었기 때문이다.

　1970년대에는 숯불에 굽는 방식 대신에 넓고 둥근 철판을 사용해 양배추, 고구마, 파 등 다양한 채소를 넣고 함께 볶아 먹는 방식이 빠르게 퍼졌다. 이 철판 닭갈비는 만들기가 더 간편하고 여러 명이 함께 앉아 푸짐하게 먹을 수 있다는 장점 덕분에 빠르게 대중의 주목을 받았다. 숯불 닭갈비와는 또 다른 매력 덕분에 철판 닭갈비는 춘천을 대표하는 음식으로 자리 잡게 되었다.

　막국수는 춘천의 또 다른 대표 음식으로서 닭갈비와는 떼려야 뗄 수 없는 짝꿍이라고 할 수 있다. '방금 막 뽑아낸 국수'라는 뜻의 막국수는 춘천의 서늘한 기후와 비교적 메마른 땅에서 잘 자라는 메밀을 주재료로 사용했다. 쌀이 귀하던 시절에 메밀로 국수를 만들어 먹으며 배고픔을 달랬던 서민들의 슬픔과 기쁨이 담긴 음식이 바로 막국수인 것이다. 특히 닭갈비를 먹고 난 후 남은 닭고기와 함께 먹는 막국수는 한국인이라면 누구나 좋아하는 음식 조합이다.

　닭갈비와 막국수는 춘천의 자연과 역사가 만들어 낸 문화유산이다. 이제 춘천을 방문하는 사람들은 닭갈비와 막국수를 통해 춘천의 맛뿐만 아니라 그곳에 담긴 도시의 역사와 이야기를 함께 경험할 것이다.

1. 춘천 닭갈비에 대한 설명으로 맞는 것은 무엇입니까?

① 춘천 닭갈비는 1970년대 이후에 만들어졌다.

② 철판 닭갈비는 만들기가 쉽고 양이 많아서 인기가 많았다.

③ 닭갈비는 주로 고급 식당에서 판매되어 일반인이 먹기 어려웠다.

④ 돼지고기 가격의 하락으로 인하여 1960년대 닭갈비가 만들어졌다.

2. 윗글의 내용과 맞는 것은 무엇입니까?

① 메밀은 따뜻하고 습한 날씨에서 잘 자란다.

② 춘천 닭갈비 골목은 회사가 많은 곳에 형성되었다.

③ 1960년대 말에 닭갈비가 비싸져서 돼지갈비로 대체됐다.

④ 1970년대 철판에 채소를 넣고 함께 볶아 먹는 닭갈비가 유행했다.

3. 값이 저렴해 학생이나 군인에게 인기를 끈 닭갈비를 무엇이라고 했습니까?

MEMO

가: 여기 식탁 위에 있던 과자 누가 먹었어?

나: 난 아니야.

가: 그럼 너 아니면 누가 먹었다는 거야?

나: 난 아니라니까.

가: **닭 잡아먹고 오리발 내미네**. 여기 너와 나 둘밖에 없는데 그럼 누가 먹었어?

나: 미안해. 너무 배가 고파서 내가 먹었어.

 속담 및 관용 표현

닭 잡아먹고 오리발 내민다

자신이 저지른 잘못을 숨기거나 책임을 피하려고 변명하는 것을 표현하는 속담이다. 정확한 유래는 알기 어렵지만, 남의 집 닭을 몰래 잡아먹은 사람에게 주인이 "왜 우리 집 닭을 먹었냐?"고 묻자, 그 사람은 마치 닭이 아니라 오리를 먹은 것처럼 '오리발'을 내밀며 우겼다는 이야기가 전해진다. 보통 줄여서 **'오리발을 내민다'**로 자주 사용한다.

예　 어제 화분 깬 사람이 미영이라면서?

　　 어제는 자기가 안 깼다고 했잖아. 완전히 <u>**오리발 내민**</u> 거지.

※ 위의 속담을 사용하여 대화를 완성해 보세요.

가: ____

나: ____

가: ____

나: ____

※ 여러분 나라의 **'닭으로 만든 대표 음식'**에 대해 소개하는 글을 200~300자 정도로 써 보세요.

100

200

300

16
충청도

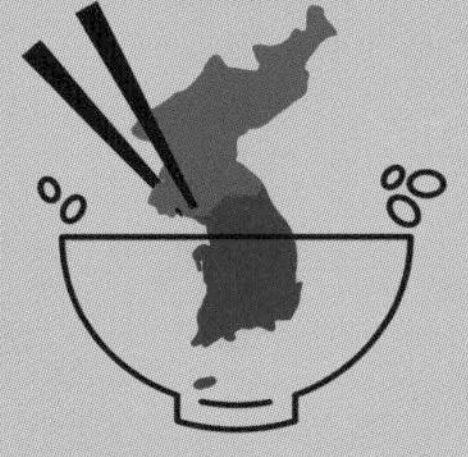

대전의 자부심, 빵

✔ 여러분 나라에서 수도 이외에 유명한 도시는 어디인가요?

✔ 여러분이 소개하고 싶은 독특한 식당이나 빵집, 카페가 있나요?

 **어휘**

명사				
간식	개성	전국	존재	중심
추억	식생활	자부심	학원가	연구 단지

※ 알맞은 것을 골라 문장을 완성하십시오.

1. 저는 한국 친구들에게 우리 나라를 소개할 때 고향에 대한 (　　　　　)을/를 느껴요.

2. 이 글의 (　　　　　) 내용은 발효 음식이 건강에 미치는 영향이에요.

3. 한국 사람들은 떡볶이나 빵 등을 (　　　　　)(으)로 먹어요.

4. 제 동생은 평범한 옷도 (　　　　　)을/를 살려서 멋있게 입어요.

5. 균형 잡힌 (　　　　　)을/를 위해 채소를 많이 섭취하려고 해요.

동사/형용사				
모이다	불리다	생기다	들어오다	부족하다
비롯하다	성장하다	알려지다	연결하다	지나가다

※ 알맞은 것을 골라 문장을 완성하십시오.

1. 1970년대 이후 한국 경제는 꾸준히 (　　　　　)-고 있어요.

2. 지도에서 출발지와 도착지를 선으로 (　　　　　)-았/었어요.

3. 수분 섭취가 (　　　　　)-(으)면 피로를 느끼기 쉬워요.

4. 대전은 '빵의 도시'로 (　　　　　)-아/어요.

5. 최근 불고기를 (　　　　　)-아/어서 다양한 한국 음식들이 인기를 끌고 있어요.

V-어/아 놓다

- 어떤 행동이 끝난 후 그 상태를 그대로 유지하고 있다는 것을 나타낸다.

  예 다음 회의 자료를 미리 <u>준비해 놓았다</u>.

- '가다', '오다'와 같은 이동 동사와는 결합하지 않는다.

  예 학교에 **가 놓았다**. (X)

- 주로 '을/를'이 필요한 동사와 사용한다.

  예 메모**를** 미리 **붙여 놓았어요**. (O)
  예 메모**가** 미리 **붙어 놓았어요**. (X)

- 놓다' 동사는 '-아 두다'와 사용한다.

  예 커피를 책상 위에 <u>놓아 두었어요</u>.

▶ 형태

동사의 마지막 모음에 'ㅏ, ㅗ'가 있으면 '-아 놓다', 'ㅏ, ㅗ'가 없으면 '-어 놓다'를 붙인다.

ㅏ, ㅗ O	닫다	→	닫아 놓다
ㅏ, ㅗ X	열다	→	열어 놓다
하다	하다	→	해 놓다
ㅂ 받침	굽다	→	구워 놓다

※ 알맞은 것을 골라 문장을 완성하십시오.

닫다	싸다	적다	사다	끝내다	치우다

<보기>

→ 비가 와서 창문을 ___닫아 놓았다___ .

1. 여행 가기 전에 짐을 다 _______________ .

2. 손님이 오기 전에 방을 _______________ .

3. 달력에 일정을 다 _______________ .

4. 친구 생일 선물을 미리 _______________ -(으)니까 마음이 편하다.

5. 오늘은 할 일을 전부 _______________ -고 영화나 볼까 한다.

※ 다음은 '대전의 자부심, 빵'에 관한 글입니다.

성심당

대전의 빵축제

충청도의 중심에 있는 대전은 서울과 부산을 연결하는 교통의 중심지로서 고속도로와 KTX가 지나가 전국 어디에서나 오고 가기 편리하다. 또한 많은 연구 단지와 대학교가 모여 있어 젊고 활기찬 분위기를 가진 도시다. 이렇게 과학과 교육의 도시로 알려진 대전은 최근에 '빵의 도시'라는 새로운 이름으로도 불리고 있다.

대전이 빵으로 유명해진 데에는 특별한 배경이 있다. 한국 전쟁 이후 미국의 도움으로 밀가루가 많이 들어오면서 한국 사람들의 식생활에도 큰 변화가 생겼다. 쌀이 부족하던 시기에 빵은 값이 싸고 쉽게 먹을 수 있는 음식이었다. 그래서 대전에서도 자연스럽게 빵집들이 늘어나기 시작했다. 대전이 교통의 중심지가 되어 전국의 사람들이 대전을 거쳐 가면서 거쳐 가면서 여러 음식 문화가 대전에 모이게 되었다. 1970~80년대 이후에는 학원가와 학교 앞에 많은 빵집들이 생겨났고 저렴하면서도 양이 많은 빵은 학생과 직장인들에게 간식으로 사랑받았다. 이러한 흐름 속에서 개성이 있는 지역 빵집들이 자리를 잡으며 대전의 빵이 널리 알려졌다.

그중에서도 가장 잘 알려진 곳이 바로 '성심당'이다.

1956년에 작은 가게로 시작한 성심당은 지금은 전국적으로 유명한 빵집으로 성장했다. "대전에 성심당이 있는지, 성심당에 대전이 있는지"라는 말이 있을 정도로 성심당은 대전 시민의 자부심이다. 특히 겉은 바삭하고 속은 부드러운 튀김소보로는 성심당을 대표하는 메뉴이며, 크림빵과 케이크도 많은 사랑을 받고 있다. 성심당은 대전 사람들의 추억과 일상이 담긴 공간이자 지역 경제와 문화에 큰 영향을 준 상징적인 존재다.

대전의 빵 문화는 축제를 통해 더 널리 알려지고 있다. 매년 열리는 '대전 빵 축제'에서는 성심당을 비롯한 여러 빵집이 모여 다양한 빵을 선보인다. 시민과 관광객은 직접 빵을 만들어 보거나 특별한 빵을 맛보며 즐거운 시간을 보낸다. 축제는 먹거리 행사에 머무르지 않고 대전 시민들과 손님이 함께 어울리는 자리가 된다. 이처럼 대전은 빵을 통해 자신만의 특별한 도시 이미지를 만들어 가고 있다. 과학과 교육의 도시라는 기존 모습에 더해 '빵의 도시'라는 새로운 매력이 더해진 것이다.

1. 대전에 대한 설명으로 맞지 <u>않는</u> 것은 무엇입니까?

    ① 충청도의 중심 도시 중 하나다.

    ② 큰 밀가루 공장이 있어 빵집이 많다.

    ③ 연구 단지와 대학교가 많이 모여 있다.

    ④ 서울과 부산을 연결하는 교통의 중심지다.

2. 대전이 '빵의 도시'로 불리게 된 배경은 무엇입니까?

    ① KTX가 지나가기 때문에

    ② 대학교에서 축제를 많이 하기 때문에

    ③ 젊고 활기찬 분위기를 가진 도시이기 때문에

    ④ 한국 전쟁 이후 미국으로부터 밀가루가 들어왔기 때문에

3. '대전의 빵'을 대표하는 빵집의 이름은 무엇입니까?

MEMO

가: 다음 주가 발표라면서 아직 아무것도 안 한 거야?

나: 발표 주제는 이미 몇 개 **생각해 놓았어**.

가: 지금처럼 생각만 하면 소용없어. **구슬이 서 말이라도 꿰어야 보배**라고 하잖아.

나: 그건 나도 잘 알아. 그래서 이번 주에는 목차라도 한번 써 보려고.

가: 그래, 일단 뭐라도 써 봐.

나: 그래야겠다. 걱정해 줘서 고마워.

 **속담 및 관용 표현**

구슬이 서 말이라도 꿰어야 보배다

아무리 좋은 재료나 뛰어난 재능을 가지고 있더라도 그것을 제대로 사용하지 않으면 아무 소용이 없다는 것을 표현하는 속담이다. 서 말*은 '세 말'이라는 뜻으로, 엄청나게 많은 양의 구슬을 비유한다. 따라서 아무리 좋은 아이디어나 계획도 실제로 해야 가치가 있다는 의미로 사용된다.

---

* 말: 곡식 등의 부피를 재는 한국의 전통 단위. 한 말은 보통 180리터.

예  빵 만든다고 재료는 다 사 놓았는데 만들기 너무 귀찮다.

구슬이 서 말이라도 꿰어야 보배라고 하잖아. 재료만 쌓아 두면 어떡해?

※ 위의 속담을 사용하여 대화를 완성해 보세요.

가: ____

나: ____

가: ____

나: ____

닭갈비

✓ 재료

닭다리살 400g, 양배추 1컵, 고구마 1개, 양파 1/2개, 대파 1대
고추장 2큰술, 간장 1큰술, 설탕 1큰술, 다진 마늘 1큰술, 후춧가루 약간

✓ 방법

1. 닭고기는 한입 크기로 자르고, 고구마, 양파, 양배추, 대파는 먹기 좋게 썬다.

2. 고추장, 간장, 설탕, 다진 마늘, 후춧가루를 섞어 양념장을 만든다.

3. 닭고기에 양념장을 넣고 20분 이상 재운다.

4. 팬에 기름을 두르고 닭고기와 채소를 넣어 중불에서 볶는다.

5. 고기가 다 익으면 접시에 예쁘게 담는다.

레시피 어휘

- 한입 크기

17
경상도

전통이 살아 있는 안동, 찜닭과 소주

✓ 여러분이 가 본 한국의 전통 도시나 마을이 있나요?

✓ 여러분이 아는 한국의 전통 술은 무엇인가요?

명사

설	경쟁	골목	공식	감미료
슬로건	알코올	전국적	정상 회담	무형 문화재

※ 알맞은 것을 골라 문장을 완성하십시오.

1. 경주에서 한국과 일본의 (   )이/가 열렸어요.

2. 우리 학교 이름이 다른 것으로 바뀐다는 (   )이/가 돌고 있어요.

3. 씨름은 한국의 대표적인 (   )(으)로 많은 사람들이 알고 있어요.

4. 예방 주사를 맞기 전에 (   ) 솜으로 닦아야 해요.

5. 겨울에 눈이 내리면 철수는 항상 (   )에 쌓인 눈을 치웠어요.

동사/형용사

밀리다	졸이다	개발하다	깔끔하다	방문하다
발효하다	살아나다	생생하다	쫄깃하다	증류하다

※ 알맞은 것을 골라 문장을 완성하십시오.

1. 저희 회사에 (   )-아/어 주셔서 진심으로 감사드립니다.

2. 저는 어릴 때의 일을 아직도 (   )-게 기억해요.

3. 김치는 (   )-아/어서 먹는 한국의 대표 음식이에요.

4. 정부에서 이곳을 관광지로 (   )-고 있어요.

5. 교통사고 후에 그 남자가 다시 (   )-(으)ㄹ 수 있을지 아무도 몰랐어요.

V-아/어 있다

- 어떤 행위나 변화가 끝난 뒤에도 그 결과가 그대로 계속됨을 나타낸다.

  [예] 은행 문이 닫혀 있어요.

- 주로 '을/를'이 필요하지 않은 동사와 사용한다.

  [예] 벽에 아름다운 그림이 걸려 있어요.

V-고 있다

- 'V-고 있다'는 주로 '입다, 벗다, 쓰다, 신다, 매다' 등과 사용한다.

  [예] 내 여자 친구는 모자를 쓰고 있는 사람이에요.

- 'N을/를'이 필요한 동사와 사용한다.

  [예] 우리 형은 안경을 쓰고 넥타이를 매고 있어요.

▶ 형태

동사의 마지막 모음에 'ㅏ, ㅗ'가 있으면 '-아 있다', 'ㅏ, ㅗ'가 없으면 '-어 있다'를 붙인다.

ㅏ,ㅗ O	앉다	→	앉아 있다
ㅏ,ㅗ X	붙다	→	붙어 있다
입원하다	하다	→	입원해 있다
ㅂ 받침	눕다	→	누워 있다

※ 알맞은 것을 골라 문장을 완성하십시오.

걸리다	앉다	꺼지다	놓이다	닫히다	쓰이다

──── <보기> ────

→ 벽에 ___걸려 있는___ 사진이 내 마음에 들었어요.

1. 오늘 기온이 35도인데 창문이 _______________ -아/어서 너무 더워요.

2. 저는 불이 _______________ -는 방에 혼자 있는 것을 싫어해요.

3. 제 이름이 _______________ -는 가방을 찾았어요.

4. 책상 위에 커피가 _______________ -았어요/었어요.

5. 저기 _______________ -는 사람이 내 친구예요.

※ 다음은 '**안동, 찜닭과 소주**'에 관한 글입니다.

안동 찜닭

안동 소주

안동은 서울에서 약 230km 떨어져 있는 도시로 한국의 전통과 역사가 숨 쉬는 대표적인 도시 중 하나다. 안동시의 공식 슬로건이 '한국정신문화의 수도'일 정도로 안동은 한국을 대표한다. 2010년에 유네스코 세계 유산(한국의 역사 마을)에 오른 유명한 하회마을 역시 안동에 있다. 이 덕분에 안동은 한국 전통 마을의 모습과 생활 문화를 생생하게 볼 수 있는 곳이다. 2025년 8월 일본에서 열린 한일 정상 회담에서 식사 메뉴로 안동 소주와 안동 찜닭이 식탁에 오르면서 안동은 세계인의 주목을 받기도 했다.

명동을 방문하는 외국인은 한국 음식 중에서도 안동 찜닭을 특히 많이 찾는다. 안동 찜닭은 간장 양념에 닭고기와 감자, 당근, 양파, 고추 등을 넣고 국물이 거의 없을 정도로 졸여 만드는 한국의 찜 요리다. 쫄깃한 당면이 들어가 씹는 맛이 좋고 밥과 함께 먹으면 간장 양념의 감칠맛이 더 살아난다. 안동 찜닭의 기원에 대한 설이 여러 가지가 있는데 가장 널리 알려진 이야기는 1980년대 안동 구시장의 '통닭 골목'에서 시작되었다는 것이다. 당시 양념치킨과 프라이드 치킨집이 인기를 얻으면서 전통 닭 요리 상인들은 경쟁에서 밀리게

되었다. 이러한 이유로 상인들이 손님들의 입맛에 맞춰 당면과 여러 채소를 넣은 새로운 닭요리인 찜닭을 개발해 팔기 시작했고, 이것이 오늘날의 안동 찜닭이 되었다는 설이다. 이후 서울을 포함한 여러 지역으로 퍼지며 전국적으로 유명한 음식이 되었다.

한국의 술이라고 하면 흔히 떠올리는 것이 초록색 병에 든 소주다. 이 소주는 높은 도수의 알코올에 물과 감미료 등을 섞어 만드는 방식이다. 하지만 안동 소주는 고려 시대부터 안동 지역에 전해 내려오는 전통 증류식 소주다. 쌀과 누룩을 발효해 만든 술을 다시 끓여 증류하는 전통 방식으로 빚는다. 안동 소주는 도수가 높은 것으로 유명하다. 약 45도의 높은 알코올 도수의 안동 소주는 깔끔하고 깊은 맛을 자랑한다. 또한 안동 소주는 경상북도의 무형 문화재로 **지정되어 있어서** 이 지역의 역사와 기술을 보여 주고 있다.

이처럼 안동 찜닭과 안동 소주는 안동의 역사와 문화를 보여 준다. 만약 안동을 방문하게 된다면 매콤달콤한 안동 찜닭과 깔끔하고 부드러운 안동 소주를 꼭 맛보기를 바란다.

1. 안동 찜닭에 대한 설명으로 맞는 것은 무엇입니까?

    ① 안동 찜닭은 국물이 많은 닭요리다.

    ② 안동 찜닭은 한일 정상 회담을 위해 만들었다.

    ③ 안동 찜닭은 요즘 치킨보다 많은 인기를 얻고 있다.

    ④ 안동 찜닭은 당면이나 밥과 함께 먹는 찜 요리다.

2. 윗글의 내용과 <u>다른</u> 것은 무엇입니까?

    ① 안동 소주의 알코올 도수는 약 45도다.

    ② 안동 찜닭은 경상남도의 무형 문화재다.

    ③ 안동 하회마을은 유네스코 세계문화 마을이다.

    ④ 안동 소주는 전통 방식으로 만들어지는 전통 술이다.

3. 안동시의 공식 슬로건은 무엇입니까?

MEMO

가: 이것도 맛있겠고 저것도 맛있겠고……. 못 고르겠네.

나: 메뉴 그만 보고 결정해. 주인아저씨가 기다리시잖아.

가: 좋아. 비빔밥으로 결정했어.

나: 알았어. 여기 비빔밥 하나하고 잔치국수 하나 주…….

가: 잠깐만, 잠깐만. 나도 잔치국수로 바꿀까?

나: 왜 넌 항상 **물에 물 탄 듯 술에 술 탄 듯** 생각이 분명하지 않아?

 속담 및 관용 표현

물에 물 탄 듯 술에 술 탄 듯

　물에 물을 섞거나 술에 술을 섞으면 아무 변화가 없는 것처럼 **자신의 생각, 의견 또는 행동이 분명하지 않은 사람**을 표현하는 속담이다. 즉 어떤 행동이나 의사 표현 등이 확실하지 않을 때 부정적인 의미로 주로 사용한다. 순서를 바꾸어 '**술에 술 탄 듯 물에 물 탄 듯**'으로도 표현할 수 있다.

예　 이번 신제품 어때요?

　　 경쟁 회사 제품하고 비교하면 **물에 물 탄 듯 술에 술 탄 듯** 특징이 없어요.

※ 위의 속담을 사용하여 대화를 완성해 보세요.

가: ____

나: ____

가: ____

나: ____

※ 여러분 나라의 **'전통 술'**에 대해 소개하는 글을 200~300자 정도로 써 보세요.

100

200

300

18
경상도

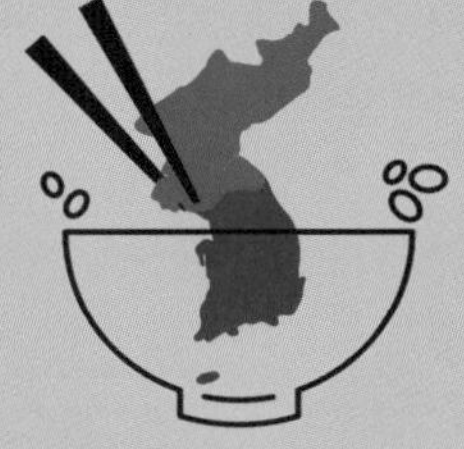

대구, 바삭한 치킨과 시원한 맥주의 만남

✓ 여러분 나라에서 가장 덥거나 추운 도시는 어디인가요?

✓ 그 도시에서 즐겨 먹는 음식은 무엇인가요?

 **어휘**

명사				
궁합	규모	기반	내륙	명물
상업	야식	폭염	환상	유동 인구

※ 알맞은 것을 골라 문장을 완성하십시오.

1. 바다가 없이 육지로 둘러싸인 나라를 (   ) 국가라고 해요.

2. 이 거리는 지나다니는 (   )이/가 많아서 가게 매출이 높아요.

3. 대구는 여름이면 기온이 33℃가 넘는 (   )이/가 계속돼요.

4. 김치는 삼겹살과 (   )이/가 잘 맞아서 함께 먹으면 더 맛있어요.

5. 제 친구는 아직도 영화배우와 결혼하겠다는 (   ) 속에 살아요.

동사/형용사				
넘다	남기다	이루다	튀기다	고소하다
돋보이다	촉촉하다	매콤달콤하다	새콤달콤하다	소스를 입히다

※ 알맞은 것을 골라 문장을 완성하십시오.

1. 한국의 치킨은 기름에 두 번 (   )-아/어서 바삭해요.

2. 고추장과 설탕으로 만든 떡볶이의 (   )-(으)ㄴ/는 맛은 남녀노소 모두가 좋아해요.

3. 저는 오랜 노력 끝에 드디어 꿈을 (   )-았/었어요.

4. 내 친구의 춤 실력은 아마추어의 실력을 (   )-아/어서 아이돌 수준에 가까워요.

5. 그 영화는 여자 주인공이 너무 예뻐서 영화보다 여자 주인공만 (   )-았/었어요.

V-고 말다

- 주로 바람직하지 않거나 원하지 않는 결과가 일어났음을 나타낸다.

  예 다이어트 중이었는데 케이크를 먹고 말았다.

- '끝내', '결국'과 함께 자주 사용한다.

  예 어제 잠을 못 잤더니 **결국** 수업 시간에 졸고 말았다.

▶ 형태

동사의 마지막 모음이나 받침에 관계없이 '-고 말다'를 붙인다.

받침 O	듣다	→	듣고 말다
받침 X	보다	→	보고 말다

※ 알맞은 것을 골라 문장을 완성하십시오.

하다	싸우다	지워지다	지각하다	넘어지다	잊어버리다

<보기>

→ 조심했는데 결국 실수를가 <u>하고 말았다</u> .

1. 중요한 파일을 저장하지 않고 노트북을 꺼서 중요한 파일이 다 _______________ .

2. 급하게 걷다가 횡단보도에서 _______________ .

3. 요즘 너무 바빠서 아버지 생신을 _______________ .

4. 여자 친구가 이유 없이 화를 내서 결국 _______________ .

5. 알람을 맞춰 놓고 잤는데도 늦잠을 자서 _______________ .

※ 다음은 '**대구, 바삭한 치킨과 시원한 맥주의 만남**'에 관한 글입니다.

프라이드치킨

양념치킨

치킨 무

경상도의 중심 도시 대구는 내륙에 자리한 도시로 교통과 상업이 발달해 유동 인구가 많은 곳이다. '대프리카'라 불릴 만큼 폭염이 심한 대구는 매년 7월 100만 명 이상이 참여하는 '대구 치맥 페스티벌'이 열린다. 대구가 이처럼 치킨으로 유명한 것은 일제 강점기에 국내 최대 규모의 닭 부화장*이 들어서면서 양계 산업*이 대구로 집중되었기 때문이다. 이러한 산업적 기반 위에서 한국식 양념치킨과 한국을 대표하는 치킨 브랜드들이 처음 탄생한 곳이 바로 대구다.

한국에서 야식으로 많이 찾는 치킨은 전국적으로 가게 수가 43,000여 개에 달할 정도로 한국인의 많은 사랑을 받는 음식이다. 한국의 치킨은 일반적인 닭튀김과는 달리 얇고 바삭한 튀김옷이 특징이다. 기름에 한 번 튀기는 것이 아니라 바삭함을 위해 두 번 튀기는 방식으로 만들기 때문이다. 치킨의 대표 메뉴에는 두 가지가 가장 일반적이다. 먼저 '프라이드치킨'은 닭고기에 튀김옷을 입혀 바삭하게 튀겨서 겉은 바삭하면서도 속살은 촉촉해 누구나 부담 없이 즐길 수 있다. 그리고 '양념치킨'은 1970~80년대 사이에 한국인의 입맛에 맞게 개발된 것으로 '프라이드치킨'에 고추장, 간장, 설탕 등을 섞어 만든 매콤달콤한 소스를 입힌 것이다. 특히 '양념치킨'은 한국에서만 맛볼 수 있는 독특한 스타일로 오늘날 전 세계에서 인기를 얻고 있다.

한국에서 치킨을 주문하면 늘 함께 나오는 것이 대구에서 처음 만들어진 '치킨 무'다. 하얀 무를 새콤달콤하게 절인 치킨 무는 기름진 맛을 잡아 주고 입안을 상쾌하게 해 주어 치킨과의 조화가 돋보인다. 또한 탄산이 있는 시원한 맥주는 치킨의 바삭한 식감과 환상의 궁합을 이룬다. 이 조합은 한국 사람들에게 너무나 자연스러워 '치맥(치킨+맥주)'이라는 단어로 굳어졌고 여름날 저녁을 대표하는 음식 문화가 되었다.

이와 더불어 대구에는 독특한 치킨 골목이 있다. 대구에 위치한 평화시장에는 외국인에게는 생소한 닭똥집을 바삭하게 튀겨 내는 가게들이 골목을 이루고 있다. 쫄깃하면서도 고소한 닭똥집 튀김은 대구 시민뿐 아니라 관광객에게도 오랜 사랑을 받아 온 명물이다.

'치맥' 문화가 국내를 넘어 세계적으로 알려지게 된 계기에는 대중문화의 힘도 컸다. 한국 드라마와 예능 속에 등장하는 치맥 장면은 외국인들에게도 강한 인상을 남겨 '치맥'은 K-Food의 열풍을 이끌고 있다.

---

* 부화장: 달걀을 따뜻하게 해서 병아리가 나오게 하는 곳.
* 양계 산업: 닭을 키워 달걀이나 닭고기를 생산하는 산업.

1. 한국의 치킨에 대한 설명으로 맞지 <u>않는</u> 것은 무엇입니까?

    ① 두 번 튀겨서 만든다.

    ② 얇고 바삭한 튀김옷이 특징이다.

    ③ 프라이드치킨과 양념치킨이 대표적이다.

    ④ 프라이드치킨은 1970년대 이후에 개발됐다.

2. '치맥'이 세계적으로 알려지게 된 계기는 무엇입니까?

    ① 한국의 대중문화에 자주 등장해서

    ② 치킨과 함께 항상 맥주가 제공돼서

    ③ 닭똥집 골목이 외국인에게 유명해져서

    ④ 대구 치맥 페스티벌에서 처음 홍보해서

3. 일반적으로 치킨과 잘 어울려 함께 먹는 것 두 가지는 무엇입니까?

MEMO

가: 너 들었어? 민수가 회사를 차렸는데 엄청 성공했대.

나: 진짜? 나랑 만날 때는 별로였는데. 만날 때마다 싸우다가 결국 **헤어지고 말았잖아**.

가: 민수가 널 진짜 좋아했는데. 너랑 헤어지고 많이 힘들어 했대.

나: 그래? 그럼 다시 만나자고 할까?

가: 무슨 소리야? 민수 얼마 전에 결혼했대.

나: **닭 쫓던 개 지붕 쳐다보게** 됐다. 아깝네. 이래서 사람 일은 아무도 모르나 봐.

 **속담 및 관용 표현**

닭 쫓던 개 지붕 쳐다본다

 바라던 소망을 이루지 못하고 보기만 해야 하는 안타까운 상황을 표현하는 속담이다. '닭을 쫓던 개가 결국 닭을 잡지 못하고 지붕 위로 올라간 닭만 바라본다'는 뜻으로 결과가 아쉽거나 실패해서 어쩔 수 없는 상황을 표현할 때 사용한다.

예 　 네가 사려고 하던 가방 결국 품절됐다며?

　　 응. 살까 말까 고민만 하다가 **닭 쫓던 개 지붕 쳐다보게** 됐어.

※ 위의 속담을 사용하여 대화를 완성해 보세요.

가: ____

나: ____

가: ____

나: ____

치킨 무

✓ 재료

무 300g, 설탕 4큰술, 식초 4큰술, 물 4큰술, 소금 1작은술

✓ 방법

1. 무는 껍질을 벗기고 1.5cm 크기의 정육면체로 썬다.

2. 그릇에 설탕, 식초, 물, 소금을 넣고 잘 섞어서 양념물을 만든다.

3. 썰어 놓은 무를 깨끗한 뚜껑이 있는 용기에 담고 양념물을 붓는다.

4. 뚜껑을 잘 닫아 냉장고에 넣고 하루 이상 보관한 후에 꺼내 먹는다.

5. 2~3일 후가 가장 맛이 좋고 일주일 내로 먹는 것이 좋다.

레시피 어휘

- 정육면체 
- 붓다
- 껍질을 벗기다

19
경상도

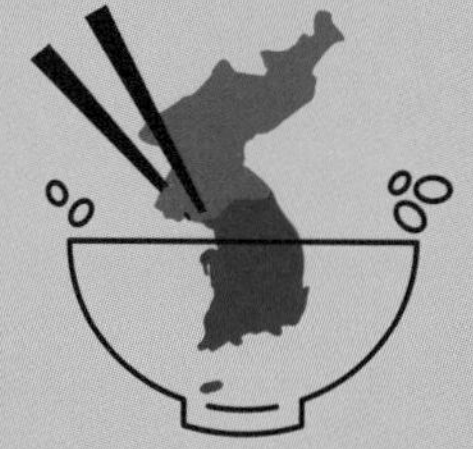

아름다운 항구 도시 통영과 충무 김밥

✓ 바다의 '검은 반도체'란 무엇일까요?

✓ 여러분 고향 음식 중에 지역의 독특한 문화가 담긴 음식은 무엇인가요?

 **어휘**

명사/부사

배경	별도	영웅	조화	항구
해안	효자	흔적	비로소	생산지

※ 알맞은 것을 골라 문장을 완성하십시오.

1. 도둑이 (　　　　　　)도 없이 사라졌어요.

2. 배를 타기 위해 (　　　　　　)에 도착했어요.

3. 이 서비스를 받으려면 (　　　　　　)의 요금을 내야 해요.

4. 그 영화는 한국을 (　　　　　　)(으)로 만든 작품이에요.

5. 여러 가지를 섞은 양념들이 (　　　　　　)을/를 이루어 맛있었어요.

동사/형용사

끌다	말다[02]	숨다	품다	상하다
소박하다	아삭하다	평범하다	둘러싸이다	김에 싸다

※ 알맞은 것을 골라 문장을 완성하십시오.

1. 그 도시는 산으로 (　　　　　　)-아/어 있어요.

2. 김밥은 김 위에 밥과 여러 재료를 올려 놓고 (　　　　　　)-아/어서 만든 음식이에요.

3. 오늘 하루는 특별한 것 없는 (　　　　　　)-(으)ㄴ/는 하루였어요.

4. 어제 동생은 (　　　　　　)-(으)ㄴ/는 음식을 먹고 배탈이 났어요.

5. 경찰은 (　　　　　　)-아/어 있는 범인을 잡았어요.

A/V-기 마련이다

- 어떤 일이나 상황이 되는 것이 자연스럽고 당연하다는 것을 나타낸다.

  예 사람은 모두 <u>늙기 마련</u>이에요.

- 'A/V-게 마련이다'로 바꿔 쓸 수 있다.

  예 사람은 모두 <u>늙게 마련</u>이에요.

▶ 형태

형용사, 동사 마지막 모음이나 받침과 관계없이 '-기 마련이다'를 붙인다.

받침 O	앉[다]	→	앉기 마련이다
받침 X	쓰[다]	→	쓰기 마련이다

※ 알맞은 것을 골라 문장을 완성하십시오.

상하다	늘다	얻다	부르다	느껴지다	피곤하다

─────── <보기> ───────

→ 무더운 여름에는 음식이 쉽게   <u>상하기 마련이다</u> .

1. 처음 하는 일은 어렵게 _______________ .

2. 오랫동안 연습하면 실력이 _______________ .

3. 열심히 노력하면 좋은 결과를 _______________ .

4. 잠을 못 자면 하루 종일 _______________ .

5. 혼자 치킨을 두 마리나 먹으면 배가 _______________ .

※ 다음은 '**아름다운 항구 도시 통영과 충무 김밥**'에 관한 글입니다.

김밥

충무 김밥

　삼면이 바다로 둘러싸여 있는 반도 국가인 한국은 해산물이 풍부한 나라다. 특히 한국 남해안의 항구 도시 통영은 푸른 바다와 신선한 해산물로 잘 알려져 있다. 이곳은 요즘 세계적으로 인기를 끌고 있는 김의 주요 생산지 중 하나다. 김은 나이, 국적을 떠나서 누구나 좋아하는 맛 덕분에 최근 바다의 '검은 반도체'라고 불리며 한국의 수출 효자 상품으로 떠오르고 있다. 또한 통영은 임진왜란*의 영웅 이순신 장군을 비롯한 소설가 박경리 등의 흔적이 남아 있는 역사와 문화의 도시이기도 하다. 이런 배경 속에서 한국 드라마와 영화에 자주 등장하는 김밥은 통영에 오면 또 다른 얼굴을 보여 준다.

　일반 김밥이 여러 재료를 밥과 함께 김에 말아 완성하는 음식이라면, 통영의 충무 김밥은 밥만 김에 싸서 한입 크기로 자른 뒤 별도의 반찬과 함께 먹는 음식이다. 아삭한 섞박지(무김치)와 매콤한 오징어무침이 대표적인 짝인데 담백한 밥과 어우러질 때 비로소 맛이 완성된다. 한 접시 안에 밥과 반찬이 역할을 나누어 맛의 조화를 이루는 것이 특징이다.

　이 독특한 형태의 김밥에는 생활의 지혜가 숨어 있다. 과거 통영의 어부들은 바다에서 오래 일했기 때문에 도시락이 필요했다. 그러나 무더운 여름, 바다에서는 음식이 금방 **상하기 마련이었다**. 밥 속에 고기나 채소를 넣으면 쉽게 상했기 때문에 어부들은 밥만 김에 싸고 반찬은 따로 준비하는 방법을 생각해 냈다. 매콤한 섞박지와 오징어무침은 쉽게 상하지 않아서 배에서 일하는 사람들이 오래 보관하기에 용이했다. 이렇게 탄생한 충무 김밥은 간단하지만 든든하고 통영의 일상을 담은 맛으로 사랑받게 된 것이다.

　겉으로 보기에는 소박하고 평범하지만 충무 김밥에는 통영의 역사와 문화가 담겨 있다. 통영은 적으로부터 바다를 지켜 낸 도시의 자부심, 예술을 품은 골목의 분위기 그리고 남해안 어촌의 일상을 전한다. 충무 김밥은 통영을 찾는 사람들에게 화려한 K-콘텐츠의 김밥과는 다른 소박한 음식이다. 하지만 오히려 더 강한 인상과 깊은 맛을 남기는 충무 김밥은 통영의 역사와 문화를 직접 맛볼 수 있는 최고의 음식인 것이다.

---

* 임진왜란: 1592년부터 1598년까지 일본이 침입한 전쟁.

1. 충무 김밥이 생긴 배경으로 가장 알맞은 것은 무엇입니까?

    ① 통영의 특산물인 김을 활용하기 위해서

    ② 관광객들에게 특별한 음식을 판매하기 위해서

    ③ 어부들이 배에서 음식을 오래 보관하기 위해서

    ④ 임진왜란 때 이순신 장군을 위한 음식을 만들기 위해서

2. 윗글의 내용과 <u>다른</u> 것은 무엇입니까?

    ① 충무 김밥은 상하기 쉬운 음식이다.

    ② 통영은 김의 주요 생산지 가운데 하나다.

    ③ 일반 김밥은 여러 재료를 함께 넣어 만든다.

    ④ 충무 김밥은 섞박지와 오징어무침을 함께 먹는다.

3. 최근에 생긴 김의 별명은 무엇입니까?

MEMO

가: 이번 주말에 가족여행 못 갈 것 같아.

나: 형, 왜?

가: 아빠하고 엄마가 여행 장소 때문에 계속 말다툼을 하시더니 여행 취소했어.

나: 진짜야? 내가 얼마나 기대했는데…….

가: **고래 싸움에 새우 등 터진** 거지.

나: 그렇네. 부모님 말다툼 때문에 왜 우리가 피해를 봐야 해?

 ## 속담 및 관용 표현

고래 싸움에 새우 등 터진다

힘이 센 사람들의 싸움에 힘이 없는 약한 사람들이 피해를 입는다는 것을 표현하는 속담이다. 바다의 거대한 고래들이 싸울 때 그 사이에 끼어 있는 작은 새우의 등이 터질 만큼 큰 피해를 입는 상황을 비유한다. 이는 사회적, 정치적, 경제적으로 약한 사람들이 피해를 입을 때 사용하는 표현이다.

예 🙂 선배들이 싸우는 바람에 오늘 오후 발표를 내가 하게 됐어.

🙂 갑자기? 준비 못 했잖아. **고래 싸움에 새우 등 터진다**더니 너만 힘들게 됐네.

※ 위의 속담을 사용하여 대화를 완성해 보세요.

가: ____

나: ____

가: ____

나: ____

※ 여러분 나라의 **'대표적인 수출 식품'**에 대해 소개하는 글을 200~300자 정도로 써 보세요.

20
전라도

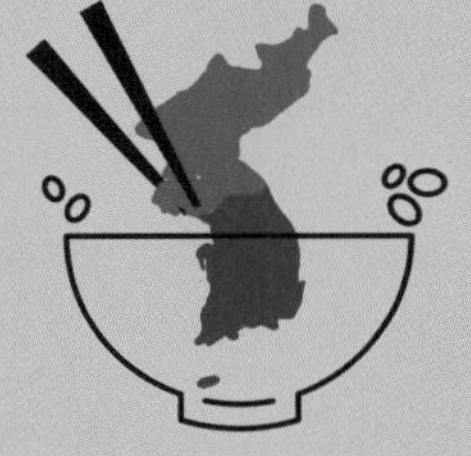

바다 도시 여수의 갓김치

이야기해 봅시다

✓ 여러분 나라에서 한국의 김치처럼 매일 먹는 반찬은 무엇인가요?

✓ 여러분 나라의 음식 중에 발효 음식은 무엇인가요?

명사/부사				
잎	대략	소화	반찬	줄기
지방	풍경	해산물	유산균	섬유질

※ 알맞은 것을 골라 문장을 완성하십시오.

1. 바다로 둘러싸인 한국은 (　　　　　　　)이/가 풍부해요.

2. 봄이 되면 나무에 새 (　　　　　　　)이/가 나고 꽃이 피어요.

3. 음식을 급하게 먹으면 (　　　　　　　)이/가 잘되지 않아요.

4. 한국의 식탁에는 밥과 여러 가지 (　　　　　　　)이/가 함께 나와요.

5. 제 친구는 (　　　　　　　) 대학을 졸업했어요.

동사/형용사				
꼽히다	절이다	기름지다	다채롭다	대비하다
온화하다	유익하다	저장하다	진행되다	쌉사름하다

※ 알맞은 것을 골라 문장을 완성하십시오.

1. 이 지역은 날씨가 (　　　　　　　)-아/어서 여행하기 좋아요.

2. 한국의 밥상에서는 색깔이 (　　　　　　　)-(으)ㄴ/는 음식을 자주 볼 수 있어요.

3. 김치는 외국인들이 좋아하는 한국 음식으로 (　　　　　　　)-아/어요.

4. 내일 발표할 파일을 USB에 (　　　　　　　)-았/었어요.

5. 튀김 같은 (　　　　　　　)-(으)ㄴ/는 음식을 자주 먹으면 건강에 좋지 않아요.

V-(으)ㄹ까 하다

- 결정하지 않은 상태에서 생각만 하고 있다는 것을 나타낸다.

  예 주말에 바닷가에 <u>갈까 해요</u>.

- 생각만 하고 실천하지 않았을 때 '-(으)ㄹ까 했어요'를 사용한다.

  예 주말에 바닷가에 <u>갈까 했어요</u>. 그런데 안 갔어요.

- 생각만 하면서 실천하지 않고 다른 일을 했을 때 '-(으)ㄹ까 하다가'를 사용한다.

  예 주말에 바닷가에 <u>갈까 하다가</u> 안 가고 친구를 만났어요.

▶ 형태

동사의 마지막에 받침이 있으면 '-을까 하다', 받침이 없으면 '-ㄹ까 하다'를 붙인다.
단 'ㄹ' 받침 동사는 'ㄹ'이 없어지고 '-ㄹ까 하다'를 붙인다.

받침 O	먹다	→	먹을까 하다
받침 X	가다	→	갈까 하다
ㄹ 받침	살다	→	살까 하다
ㄷ 받침	듣다	→	들을까 하다
ㅂ 받침	눕다	→	누울까 하다

※ 알맞은 것을 골라 문장을 완성하십시오.

듣다	가다	보다	만들다	마치다	정리하다

<보기>

→ 오늘은 유행하는 한국 노래를 <u>들을까 해요</u>.

1. 오늘 집에 일찍 가서 룸메이트와 영화를 ＿＿＿＿＿＿＿ .

2. 책이 이곳저곳에 쌓여 있어서 이번 주말에는 책장을 ＿＿＿＿＿＿＿ .

3. 오늘은 맛있기로 유명한 갓김치를 ＿＿＿＿＿＿＿ .

4. 바다를 보고 싶어서 이번 연휴에는 여수에 ＿＿＿＿＿＿＿ .

5. 시간이 늦었으니 오늘 회의는 여기서 ＿＿＿＿＿＿＿ .

※ 다음은 '**바다 도시 여수의 갓김치**'에 관한 글입니다.

갓

갓김치

전라남도 남해안에 있는 여수는 바다와 섬이 아름답게 어우러진 곳이다. 온화한 날씨와 다채로운 음식 문화 덕분에 많은 사람들이 찾는 관광지다. 여수는 다양한 해산물 요리로 유명하지만, 그중에서도 여수를 대표하는 음식으로 가장 잘 알려진 것은 단연 갓김치다. 그래서 갓김치는 여수를 방문하면 꼭 맛봐야 할 음식으로 꼽힌다.

한국의 김치는 오랜 역사를 가진 발효 음식으로 옛 기록에도 채소를 소금에 절여 저장했다는 내용이 나온다. 18세기에 조선에서 고추가 널리 재배되면서 김치는 지금과 가까운 모습으로 발전했다. 김치는 계절마다 다른 재료로 담글 수 있어 생활의 지혜를 보여 준다. 특히 마늘, 고춧가루, 생강 같은 김치의 양념은 음식이 쉽게 상하지 않도록 도와준다. 그래서 채소가 귀한 겨울철에도 채소를 먹을 수 있어 겨울을 대비하는 중요한 반찬이 되었다.

김치의 장점은 발효 과정에서 드러난다. 발효가 진행되면 유산균이 많아져서 소화에도 도움이 되고, 비타민과 섬유질도 풍부해져서 건강에도 유익하다. 이 때문에 김치는 평범한 반찬이 아니라 건강에 좋은 발효 음식으로 세계에서도 널리 인정받고 있다.

김치에는 매우 다양한 종류가 있다. 가장 널리 알려진 배추김치뿐만 아니라 무를 썰어 담근 깍두기, 오이에 양념을 넣은 오이소박이, 국물이 있는 나박김치 등 대략 340종 이상의 김치가 있다. 또한 지역마다 기후와 재료가 달라 각 지방에는 조금씩 다른 맛의 김치가 전해져 내려온다.

그중에서도 여수 갓김치는 특별하다. '갓'은 잎과 줄기에 매운맛과 쌉싸름한 향이 있는 채소다. 여수의 따뜻한 날씨와 바닷바람을 맞고 자란 갓은 아삭하고 향이 강하다. 여수 사람들은 이 갓에 고춧가루, 멸치 액젓, 마늘, 생강 등을 넣어 김치를 담근다. 시간이 지나 발효가 되면 혀를 톡 쏘는 매운맛과 깊은 감칠맛이 어우러져 다른 김치와는 또 다른 매력을 보여 준다. 특히 기름진 고기와 함께 먹으면 느끼함을 잡아 주어 훌륭한 반찬이 된다.

오늘날 여수 갓김치는 전국적으로 그 이름이 알려져 있다. 김치를 좋아하는 사람들 사이에서 인기가 높고, 관광객들도 여수를 찾으면 갓김치를 꼭 맛본다. 이처럼 바다 풍경과 함께 먹는 여수 갓김치는 여수의 자연과 사람들의 손맛이 담긴 음식으로 한국 김치 문화가 얼마나 다양하고 풍부한지를 보여 준다.

1. 김치를 겨울에도 먹을 수 있는 이유는 무엇입니까?

    ① 겨울에 담가 먹었기 때문에

    ② 추울 때 먹으면 건강에 좋기 때문에

    ③ 비타민과 섬유질이 풍부하기 때문에

    ④ 발효되어 오래 두고 먹을 수 있기 때문에

2. 여수 갓김치의 특징으로 맞지 <u>않는</u> 것은 무엇입니까?

    ① 다른 김치에 비해 유산균이 적다.

    ② 발효되면 톡 쏘는 매운맛과 깊은 맛이 난다.

    ③ 고춧가루, 멸치 액젓, 마늘, 생강을 넣어 담근다.

    ④ 따뜻한 날씨와 바닷바람을 맞고 자라 향이 강하다.

3. 한국의 김치에는 몇 가지 종류가 있습니까?

MEMO

가: 목소리가 왜 이렇게 힘이 없어?

나: 오늘 진짜 힘들었어.

가: 왜? 무슨 일 있어?

나: 하루 종일 회의를 5번이나 했더니 지금 완전히 **파김치가 됐어**.

가: 듣기만 해도 힘 빠진다.

나: 오늘 운동하러 **갈까 했는데** 너무 피곤해서 그냥 집에 가야겠어.

 ## 속담 및 관용 표현

파김치가 되다

매우 지치고 기운이 빠진 상태를 표현하는 관용 표현이다. 힘이 있던 파를 소금에 절여서 김치로 만들면 원래의 형태를 유지하지 못할 정도로 힘이 없는 모습이된다. 이처럼 사람이 몹시 피곤하거나 힘들 때 마치 파김치처럼 힘이 쭉 빠진 모습을 비유한다. 일상 대화 속에서 피곤함을 강조할 때 자주 사용한다.

예 야, 너 얼굴이 왜 그렇게 피곤해 보여? 무슨 일 있었어?

오늘 하루 종일 발표 준비만 했어. 너무 힘들어서 **파김치가 됐어**.

※ 위의 관용 표현을 사용하여 대화를 완성해 보세요.

가: ______________________________________

나: ______________________________________

가: ______________________________________

나: ______________________________________

오이소박이

✔ 재료

오이 5개, 부추 100g, 양파 1/2개, 굵은 소금 2큰술
고춧가루 3큰술, 멸치액젓 2큰술, 다진 마늘 1큰술, 설탕 1작은술, 생강즙 약간

✔ 방법

1. 오이는 깨끗이 씻은 후 4등분하여 십자 모양으로 칼집을 넣는다.
2. 굵은 소금을 오이에 뿌려 30분간 절인 후 흐르는 물에 씻어 물기를 뺀다.
3. 부추와 양파는 잘게 썰어 준비한다.
4. 고춧가루, 멸치 액젓, 다진 마늘, 설탕, 생강즙을 넣고 양념을 만든다.
5. 준비한 부추와 양파를 양념에 넣고 골고루 섞는다.
6. 절인 오이 속에 양념한 채소를 넣어 채운다.
7. 통에 담은 후 상온에서 하루 정도 둔 후에 냉장 보관한다.

레시피 어휘

- 4(사)등분
- 십자 모양
- 칼집을 넣다

21
전라도

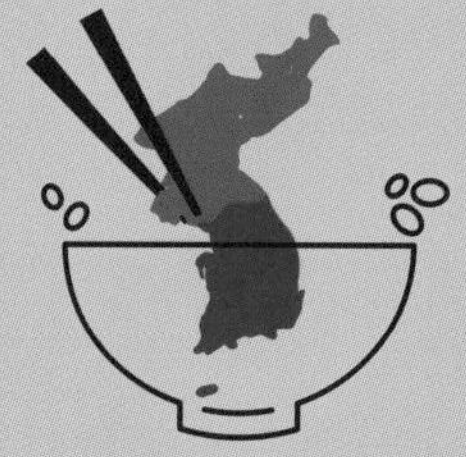

목포, 탕탕이와 홍어삼합

✔ 여러분 나라에서 해산물로 유명한 도시는 어디인가요?

✔ 여러분은 살아 있는 해산물을 먹는 것에 대해 어떻게 생각하나요?

명사				
갯벌	등대	미식	명소	비법
손질	조절	탄력	산책로	수산시장

※ 알맞은 것을 골라 문장을 완성하십시오.

1. 방이 너무 더워서 에어컨의 온도 (　　　　　　)을/를 했어요.

2. 낙엽이 떨어진 (　　　　　　)을/를 친구와 걸었어요.

3. 경주는 수많은 유적과 (　　　　　　)이/가 있어 도시 박물관이라고 할 수 있어요.

4. 겨울 바다의 어둠 속에서 (　　　　　　) 불빛만 반짝이고 있었어요.

5. 아버지는 (　　　　　　)에서 생선을 많이 사 오셨어요.

동사/형용사				
꿰다	잘다	무치다	삭히다	연하다
뚜렷하다	드나들다	싱싱하다	위치하다	활기차다

※ 알맞은 것을 골라 문장을 완성하십시오.

1. 이 소고기는 매우 (　　　　　　)-아/어서 먹기 편해요.

2. 사무실은 매일 (　　　　　　)-(으)ㄴ/는 사람들 때문에 항상 복잡해요.

3. 우리 학교는 서울에 (　　　　　　)-아/어 있어요.

4. 아침에 (　　　　　　)-(으)ㄴ/는 사람들의 모습을 보니 나도 힘이 나요.

5. 철수는 자신의 생각이 (　　　　　　)-(으)ㄴ/는 학생이에요.

V-(으)ㄹ 뻔하다

- 어떤 일이나 상황이 일어나지는 않았지만 거의 일어난 것과 같을 때 사용한다.

  예 늦잠을 자서 학교에 <u>지각할 뻔했다</u>.

- 말할 때 '-아/어서 죽을 뻔했다'로 사용할 수 있다. 과거의 어떤 일이나 상황을 과장할 때 사용한다.

  예 어제 힘들어서 <u>죽을 뻔했다</u>.

- 주로 동사의 과거형으로 사용한다.

  예 할아버지 생신을 **잊을 뻔했어요**.(O)

  　할아버지 생신을 **잊을 뻔해요**.(X)

  　할아버지 생신을 **잊을 뻔할 거예요**.(X)

▶ 형태

동사에 받침이 있으면 '-을 뻔하다', 받침이 없으면 '-ㄹ 뻔하다'를 붙인다.
단 'ㄹ' 받침 동사는 'ㄹ'이 없어지고 '-ㄹ 뻔하다'를 붙인다.

받침 O	늦다	→	늦을 뻔하다
받침 X	쓰다	→	쓸 뻔하다
ㄹ 받침	울다	→	울 뻔하다
ㄷ 받침	듣다	→	들을 뻔하다
ㅂ 받침	눕다	→	누울 뻔하다

※ 알맞은 것을 골라 문장을 완성하십시오.

죽다　　나다　　늦다　　울다　　놓치다　　부딪히다

<보기>

→ 배가 고파서 　　죽을 뻔했다　　 .

1. 어제 졸음운전으로 사고가 _______________ .

2. 뛰어오는 아이와 _______________ .

3. 친구의 결혼식에 _______________ .

4. 영화가 너무 슬퍼서 _______________ .

5. 늦게 일어나서 기차를 _______________ .

※ 다음은 '**목포, 탕탕이와 홍어삼합**'에 관한 글입니다.

탕탕이

홍어삼합

목포는 전라남도 서남쪽에 위치한 항구 도시다. 바다와 섬이 가까워 배가 자주 드나들고, 일제 강점기 개항 이후의 근대 거리와 유달산 같은 명소가 도시에 역사 이야기를 더한다. 바닷바람을 맞으며 해안 산책로를 걷다 보면 수산시장의 활기찬 소리와 등대 불빛이 이어져 '바다, 역사, 미식'이 한자리에서 만난다.

이 지역의 갯벌에서는 다리가 길고 가늘다는 뜻의 '세발' 낙지가 잡힌다. 세발낙지는 연하고 탄력이 있어 씹는 맛이 좋다. 가장 신선하게 즐기는 방법은 '탕탕이'다. 살아 있는 낙지를 잘게 썰어 참기름과 소금, 깨로 가볍게 무치면 입안에서 감칠맛과 바다 향이 살아난다. 박찬욱 감독의 영화 '올드보이(2003)'에서 주인공이 살아 있는 낙지를 먹는 장면을 본 외국인들은 크게 놀라기도 했지만 이것은 한국의 오랜 음식 문화 중 하나다. 조선 시대의 동의보감*에는 낙지 한 마리가 인삼과 같다고 기록되어 있다. 그래서 목포 사람들은 낙지를 갯벌 속의 인삼이라고 부른다. 낙지호롱 (낙지호롱불구이)도 유명하다. 길게 뻗은 낙지를 말아 꼬치에 꿰어 구우면 불향이 더해지고 겉은 살짝 바삭하며 속은 쫄깃해진다. 조리법이 간단해 보이지만 손질과 불 조절이 중요해서 집집마다 비법이 있다.

목포 미식의 또 다른 얼굴은 홍어삼합이다. 홍어삼합은 전라남도 섬 지역에서 잡은 홍어를 삭혀 얇게 썰

고, 삶은 돼지고기와 잘 익은 김치를 한입에 먹는 방식을 말한다. 귀한 손님을 대접하거나 큰일 뒤에 힘을 내기 위해 먹던 풍습에서 유래했다고 전해진다. 삭힌 홍어는 발효 과정에서 암모니아 향이 생겨서 냄새가 강하다. 처음 접한 사람은 냄새에 놀라 젓가락을 **떨어뜨릴 뻔했다고** 말하기도 한다. 그러나 수육(삶은 고기)의 고소함과 김치의 신맛이 강한 냄새를 누르면서 세 가지의 맛과 향이 하나로 섞이며 알 수 없는 균형을 만들어 낸다. 이때 코끝이 맑아지는 듯한 시원함을 즐기는 사람들도 많다.

한 도시에서 갯벌의 낙지와 바다의 홍어가 만나는 경험은 목포의 생활 문화와 역사 그리고 남쪽 지방 음식의 균형 감각을 한 상에 담아 목포만의 개성을 뚜렷하게 보여 준다. 그래서 화려하지는 않지만 세발낙지의 싱싱함과 홍어삼합의 깊은 맛을 보면 왜 목포가 '바다와 미식의 도시'로 불리는지 자연스럽게 알게 될 것이다.

---

* 동의보감: 조선 시대 의사인 허준이 1610년에 한국과 중국의 의학 서적을 모아 체계적으로 정리하여 완성한 책. 2009년 유네스코 세계 기록 유산으로 지정.

1. 세발낙지에 대한 설명으로 가장 알맞은 것은 무엇입니까?

　　① 낙지호롱은 겉과 속이 바삭한 요리다.

　　② 갯벌에서 잡히며 다리가 길고 가늘다.

　　③ 탕탕이는 삶아서 잘게 썰어 먹는 요리다.

　　④ 세발낙지는 다리가 세 개인 낙지를 말한다.

2. 윗글의 내용과 <u>다른</u> 것은 무엇입니까?

　　① 세발낙지는 연해서 먹기 좋다.

　　② 낙지호롱은 낙지를 말아 꼬치에 꿰어 만든다.

　　③ 홍어는 발효하는 과정에서 강한 냄새가 생긴다.

　　④ 홍어삼합은 홍어, 소고기, 김치를 한입에 먹는 음식이다.

3. 낙지 한 마리가 인삼과 같다고 쓰여 있는 책은 무엇입니까?

MEMO

가: 이번 주말 축제 포스터 만들 때 배경은 초록색 어때?

나: 무슨 소리야? 빨간색이 더 좋지.

가: 제목은 세로로 쓰자.

나: 아니. 가로로 쓰는 게 좋겠어. 그리고 글씨 모양도 두 가지로 하면 더 좋을 것 같아.

가: 이렇게 계속 의견만 낼 거야? **사공이 많으면 배가 산으로 가니까** 이제부터는 내가 정리해서 만들게.

나: 그래. 알았어.

 **속담 및 관용 표현**

사공이 많으면 배가 산으로 간다

　의견을 내고 이끄는 사람이 지나치게 많으면 일이 제대로 이루어지지 않고 결국 엉뚱한 결과로 이어진다는 것을 표현하는 속담이다. 배는 물길을 따라가야 하는데 각자 자신이 가고 싶은 방향으로만 가면 좋은 결과로 이어질 수 없다는 것을 비유적으로 표현한 것이다. 줄여서 '배가 산으로 간다'라고도 말할 수 있다.

> 예　　가고 싶은 곳이 다 달라서 MT 장소를 아직 못 정했어.
>
> 　　　**사공이 많으면 배가 산으로 간다**고 하더니 아직도 못 정했구나.

※ 위의 속담을 사용하여 대화를 완성해 보세요.

가: ____

나: ____

가: ____

나: ____

※ 여러분 나라의 **'향이 강한 음식'**에 대해 소개하는 글을 200~300자 정도로 써 보세요.

22
전라도

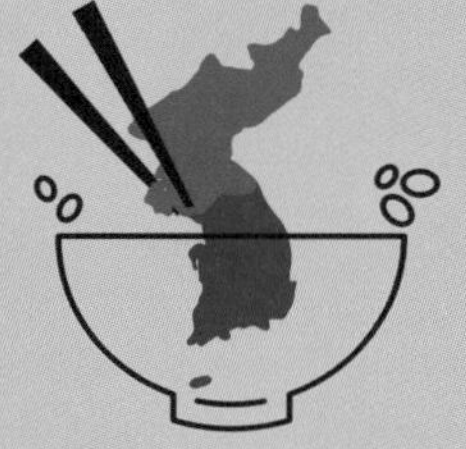

K-Food의 대표, 전주비빔밥

✓ 여러분 나라에서 전통문화가 잘 보존된 도시는 어디인가요?

✓ 여러분 나라의 음식 중에 색과 모양이 예쁜 음식은 무엇인가요?

명사/부사				
고장	곡물	궁중	계기	나물
돌솥	왕조	골고루	남녀노소	문화유산

※ 알맞은 것을 골라 문장을 완성하십시오.

1. 전주는 쌀, 보리, 콩과 같은 (　　　　　　　)와/과 채소가 풍부해 음식 문화가 발달했어요.

2. 전주 한옥마을은 (　　　　　　) 모두 좋아하는 관광지예요.

3. 전주의 음식 문화는 왕이 먹던 (　　　　　　　) 음식과 사찰 음식의 영향을 받았어요..

4. 전주는 한옥마을처럼 조상들의 (　　　　　　)이/가 잘 보존된 도시로 유명해요.

5. 비빔밥은 영양소가 (　　　　　) 들어 있어 건강식으로 인기가 많아요.

동사/형용사				
섞다	얹다	달구다	비비다	발달하다
보존되다	변신하다	사로잡다	정갈하다	자랑스럽다

※ 알맞은 것을 골라 문장을 완성하십시오.

1. 팬을 먼저 잘 (　　　　　)-(으)ㄴ/는 후에 고기를 볶아야 더 맛있어요.

2. 밥 위에 고기, 나물, 달걀을 예쁘게 (　　　　　　)-(으)면 보기에 좋아요.

3. 비빔밥은 고추장과 참기름을 넣고 재료를 잘 (　　　　　　)-아/어서 먹는 음식이에요.

4. 나물과 고기를 따로 먹기보다 함께 (　　　　　)-아/어서 드세요.

5. 친구가 화장을 해서 완전히 다른 사람으로 (　　　　　　)-았/었어요.

A/V-기는 하다

- 어떤 사실이나 상황을 부분적으로 인정한다는 것을 나타낸다.

  예 한국어 공부가 <u>어렵기는</u> 하다.

- 과거, 현재, 미래를 나타낼 수 있다.

  예 어제 학교에 <u>가기는</u> 했어요.

  요즘 학교에 <u>가기는</u> 해요.

  내일 학교에 <u>가기는</u> 할 거예요.

- 보통 '-기는 하지만', '-기는 한데'를 사용하여 뒤에 다른 생각이나 의견이 있음을 나타낸다.
  '-기는 하지만'은 과거, 현재, 미래를 나타낼 수 있다.

  예 이 옷은 <u>예쁘기는</u> 한데 너무 비싸요.

  어제 모임에 <u>가기는</u> 했지만 오래 있지 않았어요.

  요즘 모임에 <u>가기는</u> 하지만 오래 있지 않아요.

  내일 모임에 <u>가기는</u> 하겠지만 오래 있지 않을 거예요.

▶ 형태

형용사나 동사의 마지막 모음이나 받침에 관계없이 '-기는 하다'를 붙인다.

받침 O	작다	→	작기는 하다
받침 X	예쁘다	→	예쁘기는 하다

※ 알맞은 것을 골라 문장을 완성하십시오.

길다   좋다   착하다   맛있다   만나다   재미있다

<보기>

→ 영화가 <u>길기는 하지만</u> 지루하지 않았다.

1. 이 음식점은 _______________ 서비스가 나쁘다.

2. 우리 아들은 성격이 _______________ 지나치게 소심해서 걱정이다.

3. 신입 사원이 _______________ 일을 잘 못한다.

4. 드라마가 _______________ 사람들이 많이 안 본다.

5. 어제 친구를 _______________ 금방 헤어졌다.

※ 다음은 '**K-Food의 대표, 전주비빔밥**'에 관한 글입니다.

전주 한옥마을

전주비빔밥

전주는 조선 왕조가 시작된 곳이자 한옥마을 같은 문화유산이 잘 보존된 곳으로 역사와 전통이 살아 있는 도시다. 예로부터 전주는 곡물과 채소가 풍부했기 때문에 음식 문화가 크게 발달했다. 그래서 전주는 오늘날까지도 '맛의 고장'이라고 불린다. 전주에 가면 골목마다 음식점과 전통시장이 이어져 있어 여행객들은 먹거리와 볼거리를 동시에 즐길 수 있다.

전주 음식 중에서도 가장 대표적인 음식은 바로 비빔밥이다. 비빔밥은 밥 위에 여러 가지 나물, 고기, 달걀을 얹고 고추장과 참기름을 넣어 비벼 먹는 음식이다. 빨강, 초록, 노랑, 흰색, 검정의 다섯 가지 색을 정갈하게 담은 비빔밥은 눈으로 보기에도 아름답다. 또한 단백질과 비타민 등 영양이 골고루 들어 있어 건강에도 좋다. 특히 뜨겁게 달군 돌솥에 밥과 재료를 담아 먹는 돌솥비빔밥은 마지막까지 따뜻하게 먹을 수 있어서 많은 한국인들이 즐겨 먹는다.

비빔밥은 제사 후 남은 음식을 비벼 먹는 문화에서 유래했다는 이야기와 농사를 짓는 기간에 밖에서 일하면서 함께 음식을 비벼 먹는 문화에서 유래했다는 이야기 등이 있지만 정확한 기원은 알 수 없다. 단지 여러 재료들과 밥을 섞어서 비벼 먹던 문화가 전주에서 조선 시대 궁중 음식과 만나 깔끔한 맛과 다채로운 멋을 갖춘 '전주비빔밥'으로 변신했다. 들과 산에서 나는 나물, 풍성한 고기 그리고 지역의 식재료가 어우러져 만들어진 전주비빔밥은 한 그릇 안에 맛과 색, 영양이 조화를 이루어 한국 음식의 멋을 잘 보여 준다. 또한 남녀노소 누구나 부담 없이 즐길 수 있다는 점도 전주비빔밥의 매력이다.

비빔밥은 예전부터 한국의 음식으로 유명했지만 미국의 팝 가수 마이클 잭슨의 비빔밥 사랑과 2002년 한일 월드컵을 계기로 외국인에게 더 널리 알려지게 되었다. 이후 드라마와 영화 속에서 한국 음식을 상징하는 장면으로 자주 등장하며 한국의 대표 음식으로 인식되었다. 최근에는 K-Food 열풍과 함께 해외 곳곳에 전주비빔밥 전문점이 생겨나면서 전주의 맛과 멋이 세계인의 입맛을 사로잡고 있다. 앞으로도 전주비빔밥은 한국을 대표하는 자랑스러운 음식으로서 전통과 현대를 이어 나갈 것이다.

1. 전주비빔밥의 특징은 무엇입니까?

　　① 제사를 준비하며 먹는 음식이다.

　　② 조선 시대 궁중에서 처음 만들었다.

　　③ 재료를 저장하기 위해 만든 음식이다.

　　④ 다양한 색깔의 재료를 얹어 비벼 먹는다.

2. 윗글의 내용과 <u>다른</u> 것은 무엇입니까?

　　① 전주는 조선 왕조의 고향이다.

　　② 비빔밥 전문점이 해외에서 증가하고 있다.

　　③ 돌솥비빔밥은 차갑게 먹을 수 있어 인기가 많다.

　　④ 곡물과 채소는 전주의 음식문화에 영향을 주었다.

3. 전주비빔밥이 세계적으로 유명해진 계기는 무엇입니까?

MEMO

 **속담 및 관용 표현**

금강산도 식후경

아무리 좋은 구경이나 중요한 일이라도 배가 고프면 제대로 즐길 수 없다는 것을 표현하는 속담이다. 즉, 식사를 먼저 하고 난 뒤에야 마음 편히 즐길 수 있다는 생활의 지혜를 담고 있다. '금강산'은 우리나라에서 가장 아름다운 산 중 하나이며 '식후경'은 식사 후의 경치를 뜻한다. 따라서 이 속담은 기본적인 조건을 갖춘 후에 다른 일을 할 수 있다는 것을 강조한다.

예 콘서트 시작하기 전에 미리 들어가서 앉아 있자.

밥부터 먼저 먹으면 안 될까? **금강산도 식후경**이라고 하잖아.

※ 위의 속담을 사용하여 대화를 완성해 보세요.

가: ___________________________________

나: ___________________________________

가: ___________________________________

나: ___________________________________

비빔밥

✔ 재료

밥 2공기, 시금치 100g, 당근 1/3개, 콩나물 100g, 애호박 1/3개, 달걀 2개
고추장 2큰술, 참기름 1큰술, 깨소금 약간, 소금 약간, 식용유 약간

✔ 방법

1. 시금치는 데친 후 물기를 짜고 소금, 참기름으로 무친다.
2. 콩나물도 살짝 데쳐 소금으로 간한다.
3. 당근과 애호박은 채 썰어 소금 약간을 넣고 각각 볶는다.
4. 달걀을 프라이 해서 반숙으로 준비한다.
5. 그릇에 밥을 담고 준비한 나물과 달걀을 예쁘게 얹는다.
6. 고추장, 참기름, 깨소금을 넣고 비벼서 먹는다.

 **꿀팁** 마지막에 고추장을 넣어서 비벼 먹기 때문에 모든 재료에는 소금을 약간만 넣어야 한다.

레시피 어휘

- 반숙
- 프라이(를) 하다

23
전라도

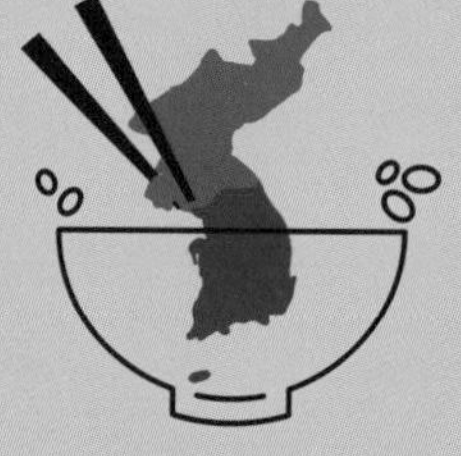

광주, 떡갈비와 육전 그리고 상추튀김

✔ 여러분은 광주에 대해 들어 본 적이 있나요?

✔ 여러분 나라에 유명한 사람들이 자주 가는 음식점은 어디인가요?

명사/부사

들	뼈	기원[02]	별미	자료
특색	실제로	적당히	제대로	민주화 운동

※ 알맞은 것을 골라 문장을 완성하십시오.

1. 제 실수로 컴퓨터의 모든 (　　　　　　)이/가 삭제됐어요.

2. 저는 이번 과제를 (　　　　　) 하지 않아서 점수가 좋지 않았어요.

3. 저는 (　　　　　)이/가 약하기 때문에 칼슘이 많이 든 음식을 먹고 있어요.

4. 떡볶이의 (　　　　　)은/는 궁중 요리에서 비롯되었다.

5. 성수동은 카페마다 (　　　　　)이/가 있어서 관광객들이 많이 가요.

동사/형용사

빚다	감싸다	알맞다	전하다	간직하다
다녀가다	뛰어나다	바삭하다	신선하다	오해하다

※ 알맞은 것을 골라 문장을 완성하십시오.

1. 설날이 되면 우리 가족은 함께 모여 만두를 (　　　　　)-아/어요.

2. 할머니께서 주신 시계를 서랍에 (　　　　　)-고 있어요.

3. 저는 아침마다 (　　　　　)-(으)ㄴ/는 공기를 마시며 산책해요.

4. 빈칸에 들어갈 수 있는 (　　　　　)-(으)ㄴ/는 말을 쓰십시오.

5. 이 메모지들은 이 식당을 (　　　　　)-(으)ㄴ/는 손님들이 남긴 거예요.

N에 따르면

- 어떤 정보나 말의 출처, 근거를 나타낸다.

  예 정부 발표에 따르면 내년에 최저임금이 인상된다.

- 'N에 의하면'으로 바꿔 쓸 수 있다.

  예 통계청 자료에 의하면 출산율이 매년 조금씩 증가하고 있다.

▶ 형태

명사의 마지막 받침과 관계없이 '에 따르면'를 붙인다.

| 받침 O | 신문 | → | 신문에 따르면 |
| 받침 X | 뉴스 | → | 뉴스에 따르면 |

※ 알맞은 것을 골라 문장을 완성하십시오.

| 뉴스 | 결과 | 말씀 | 조사 | 전문가 | 일기 예보 |

──── <보기> ────

→ 오늘 __뉴스에 따르면__ 미국 대통령이 한국에 방문한다고 한다.

1. 경제 ______________ 내년부터 경제가 좋아질 것이라고 한다.

2. 이번 연구 ______________ 한국인의 식생활 변화가 암 발생에 영향을 줬다.

3. 사장님 ______________ 신제품 판매량이 증가했다고 한다.

4. 우리 부서의 ______________ 이번 금융 위기는 우리나라에 영향이 없을 것이다.

5. 어제 본 ______________ 오늘도 더위가 계속된다고 한다.

※ 다음은 **'광주, 떡갈비와 육전 그리고 상추튀김'**에 관한 글입니다.

떡갈비

육전

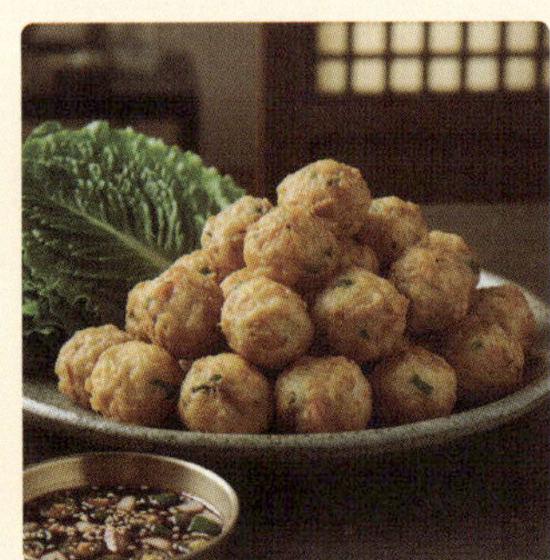
상추튀김

광주는 5·18 민주화 운동*의 기억을 간직한 도시이면서 동시에 '미향(맛의 고향)'이라고 불릴 만큼 뛰어난 음식 문화를 자랑한다. 산과 들, 바다에서 나는 신선한 재료로 만든 푸짐하고 정성스러운 밥상은 전라도만의 특색을 그대로 보여 준다.

그중에서도 떡갈비는 광주를 대표하는 음식이다. 떡갈비의 기원은 궁중 요리에서 찾을 수 있다. 왕이 갈비를 먹기 편하도록 갈빗살을 다져서 양념한 뒤 뼈에 다시 붙여 구운 것이 시초라고 전해진다. 이후 각 지역으로 퍼지면서 담양은 소 갈빗살로, 경기도는 돼지 갈빗살로 만드는 등 독특한 변화를 거쳤다. 한국관광공사의 **자료에 따르면**, 광주 송정동 떡갈비 거리에서는 소고기와 돼지고기를 알맞게 섞어 뼈가 없는 얇은 패티로 빚은 뒤 특별한 양념에 재워 굽는 조리 방식이 특징이다. 이 송정 떡갈비는 노무현 대통령 등 역대 대통령들도 한 번씩 다녀갔을 정도로 맛이 좋기로 유명하다. 숯불에 구운 떡갈비는 겉은 고소하고 속은 촉촉하며, 달콤하고 짭짤한 양념 맛이 최고라고 할 수 있다. 싱싱한 상추에 떡갈비 한 점을 올리고 쌈장이나 마늘을 함께 한입에 싸 먹으면 고기의 진한 맛과 채소의 상큼함이 조화롭게 어우러진다.

육전도 빼놓을 수 없는 광주의 별미다. 육전은 명절, 제사, 잔치에서 빠지지 않는 전통 음식으로 신선한 소고기를 얇게 썰어 밀가루와 달걀물을 입힌 뒤 기름을 적당히 두르고 노릇하게 부쳐서 만든다. 복잡하지 않은 조리법 덕분에 고기의 담백하고 고소한 맛을 제대로 느낄 수 있다.

'상추튀김'은 이름만 들으면 상추를 튀긴 것처럼 오해하기 쉽지만 실제로는 오징어 튀김을 상추에 싸서 먹는 독특한 요리다. 양파와 고추가 들어간 간장 양념에 찍어 먹는데 뜨겁고 바삭한 튀김을 차갑고 아삭한 상추가 감싸면서 만들어 내는 맛이 일품이다.

광주의 음식 문화는 미식을 넘어 이 도시의 역사와 공동체 정신을 담고 있다. 떡갈비의 조화로운 맛, 육전의 담백함, 상추튀김의 색다른 조합을 하나씩 경험해 보면 광주가 왜 '맛의 고향'으로 한국인의 사랑을 받는지 알게 될 것이다.

---

* 5·18 민주화 운동: 1980년 5월 18일에 광주에서 일어난 민주화 운동.

1. 광주 송정동 떡갈비의 특징이 <u>아닌</u> 것은 무엇입니까?

    ① 주로 육전과 함께 먹는다.

    ② 뼈가 없는 얇은 패티 형태로 만든다.

    ③ 숯불에 구워 고소하고 촉촉한 맛이 난다.

    ④ 소고기와 돼지고기를 알맞게 섞어 만든다.

2. 윗글의 내용과 <u>다른</u> 것을 고르십시오.

    ① 담양 떡갈비는 소고기 갈빗살로 만든다.

    ② '상추튀김'은 상추를 튀겨서 만드는 독특한 요리다.

    ③ 육전은 얇게 썬 소고기에 밀가루와 달걀물을 입혀 부친 음식이다.

    ④ 광주는 5·18 민주화 운동의 역사적 장소이자 맛의 고향으로 불린다.

3. 떡갈비는 어디에서 유래했습니까?

MEMO

 ## 대화

가: 친구 생일 선물인데 그냥 쇼핑백에 넣어 줄까?

나: 아니야, 예쁘게 포장해서 주는 게 어때? **보기 좋은 떡이 먹기도 좋다**고 하잖아.

가: 포장만 예쁘다고 선물의 의미가 달라지지는 않잖아.

나: 정성껏 포장한 선물을 받으면 기분도 좋아지니까 포장해서 줘.

가: 그럴까? 그럼 리본도 달고 카드도 써 줘야겠네.

나: 그래. 그렇게 하면 네 마음도 더 잘 전해질 거야.

 ## 속담 및 관용 표현

보기 좋은 떡이 먹기도 좋다

겉으로 보기에 모양이 좋으면 실제로 내용도 좋다는 것을 표현하는 속담이다. 사람이나 물건을 평가할 때 외적인 모양이 긍정적인 인상을 줄 수 있다는 것을 표현한다. 단순히 보기에 아름다울 뿐만 아니라 정성스럽게 만들어진 음식이 맛도 좋은 것처럼 노력이 들어가면 더 좋은 결과를 얻는다는 뜻이다. 

예 떡갈비가 예쁜 그릇에 나오니까 맛있어 보여요.

그렇네요. 역시 **보기 좋은 떡이 먹기도 좋다**는 말이 맞나 봐요.

※ 위의 속담을 사용하여 친구와 대화를 완성해 보세요.

가: ____

나: ____

가: ____

나: ____

※ 여러분 나라의 **'역사적인 인물이 좋아했던 음식'**에 대해 소개하는 글을 200~300자 정도로 써 보세요.

24
제주도

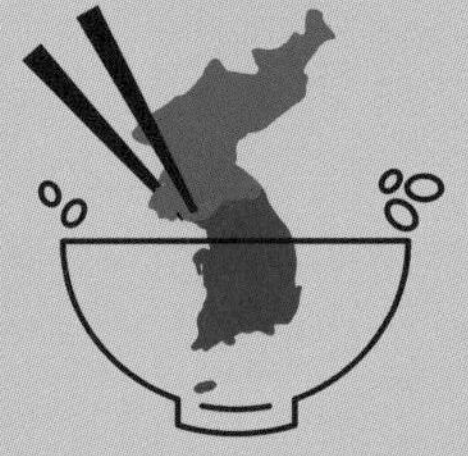

돌, 바람, 여자 그리고 제주의 맛

✔ 여러분이 한국에서 가 본 섬이나 특별한 여행지가 있나요?

✔ 한국 여행에서 먹어 본 음식 중에 가장 기억에 남는 음식은 무엇인가요?

명사				
대문	발길	용암	지형	화산
관광지	기념품	멸치젓	휴양지	고기잡이

※ 알맞은 것을 골라 문장을 완성하십시오.

1. 제주도는 (   )의 폭발로 생긴 섬이에요.

2. 유명한 관광지 입구에는 다양한 선물을 파는 (   ) 가게가 많아요.

3. 이 지역은 산과 강이 있어 독특한 (   )을/를 가지고 있어요.

4. 제주는 경치가 아름다워서 관광객들의 (   )이/가 끊이지 않아요.

5. 이번 여름휴가는 바다가 있는 조용한 (   )에서 푹 쉬었어요.

동사/형용사				
뜨다	기르다	묻히다	반기다	세차다
지키다	구매하다	대표하다	자랑하다	특별하다

※ 알맞은 것을 골라 문장을 완성하십시오.

1. 집에 도착하면 우리 강아지가 나를 제일 먼저 (   )-아/어요.

2. 오늘 바람이 (   )-게 불어 우산이 뒤집혔어요.

3. 아침이 되자 해가 동쪽에서 (   )-기 시작했어요.

4. 짜장면을 먹다가 실수로 흰 옷에 소스를 (   )-았/었어요.

5. 요즘은 고양이를 반려동물로 (   )-(으)ㄴ/는 사람들이 많아요.

V-는 김에

- 어떤 기회를 이용하여 다른 행동도 같이 하는 것을 나타낸다.
  주로 실제 생활에서 자연스럽게 이어질 수 있는 행동에 사용한다.
  예 청소하는 김에 책상도 정리했어요.

- 어떤 행동을 끝낸 후에 그 행동이 계기가 되어 다른 행동도 같이 하는 것을 나타낼 때는
  'V-(으)ㄴ 김에'를 사용한다.
  예 장에 간 김에 과일도 사 왔어요.

V-는 길에

- 이동하는 중에 다른 행동도 같이 하는 것을 나타낸다.
  예 학교에 가는 길에 편의점에서 빵을 샀어요.

▶ 형태

동사의 받침과 관계없이 '-는 김에'를 붙인다. 단 'ㄹ' 받침 동사는 '-는 김에'를 만나면 'ㄹ'이 없어진다.

받침 O	듣다	→	듣는 김에
받침 X	사다	→	사는 김에
ㄹ 받침	만들다	→	만드는 김에

※ 알맞은 것을 골라 문장을 완성하십시오.

오다	가다	끓이다	만들다	선물하다	청소하다

<보기>

→ 서울로 출장을 __온 김에__ 근처 박물관도 구경했어요.

---

1. 장 보러 _______________ 새 옷도 샀어요.

2. 방을 _______________ 책상 정리도 했어요.

3. 제 라면을 _______________ 동생 라면도 같이 끓였어요.

4. 꽃다발을 _______________ 카드도 써서 주려고 해요.

5. 우리 집 반찬을 _______________ 친구 반찬도 같이 만들었어요.

※ 다음은 '**돌, 바람, 여자 그리고 제주의 맛**'에 관한 글입니다.

돌하르방

흑돼지

오메기떡

한국의 남쪽 끝에 위치한 제주는 아름다운 풍경과 제주만의 특별한 문화로 잘 알려진 섬이다. 화산 활동으로 생긴 섬이라 한라산과 오름(작은 산), 용암 동굴 같은 독특한 지형이 많다. 성산일출봉은 해가 뜨는 장관으로 유명하고, 한라산은 사계절 다른 모습으로 여행객들을 반긴다. 따뜻한 기후와 맑은 바다는 계절에 관계없이 많은 사람들이 제주를 찾게 만든다. 그래서 제주는 한국인에게는 휴양지이자 외국인에게는 꼭 가 보고 싶은 한국의 대표 관광지가 되었다.

제주는 예로부터 '삼다도'라고 불렸다. 이는 돌, 바람, 여자가 많다는 뜻이다. 검은 돌은 화산섬의 특징으로 이 돌로 만든 돌담과 돌하르방은 이제 제주를 대표하는 상징이 되었다. 바람은 사계절 내내 세차게 불어 깨끗한 공기와 시원한 환경을 만들어 준다. 여자는 가정을 지키고 생활을 이어 갔는데, 이는 제주의 남자들이 과거에 바다에 나가 고기잡이를 하거나 육지로 떠나는 일이 많았기 때문이다. 반면에 제주는 섬이기 때문에 외지인이 거의 없어 '삼무도'라고도 불렸다. 이는 도둑, 거지, 대문이 없다는 뜻이다.

이러한 제주를 대표하는 음식으로는 흑돼지 삼겹살이 있다. 제주에서 주로 기르는 흑돼지는 살이 쫄깃하고 맛이 깊다. 숯불에 구우면 고소한 향이 퍼지고 담백한 맛이 난다. 특히 제주에서는 멸치젓에 고기를 찍어 먹는데 이 양념이 삼겹살과 잘 어울려 특별한 풍미를 자랑한다. 그래서 흑돼지 삼겹살은 제주 여행에서 꼭 맛봐야 하는 음식으로 여겨진다.

또한 제주는 떡으로도 유명하다. 그중에 오메기떡은 곡물 중 하나인 조로 만든 떡에 팥고물을 묻힌 것이다. 예전에는 잔치나 제사에 쓰였고 손님을 대접하는 귀한 음식이었다. 쫄깃한 떡과 고소한 팥이 잘 어울려 지금도 많은 사람들이 즐겨 먹는 간식이다. 요즘은 기념품으로도 인기가 있어 관광객들이 제주를 떠날 때 선물로 구매해 간다.

제주의 대문

이처럼 제주는 자연이 아름다울 뿐만 아니라 삼다도의 전통과 음식 문화로도 사랑받는 곳이다. 흑돼지 삼겹살과 오메기떡을 맛보고 제주만의 생활 문화를 경험하는 일은 여행을 더욱 특별하게 만든다. 그래서 제주는 한국을 대표하는 관광지로 오랫동안 많은 사람들의 발길을 끌고 있다.

1. '삼다도'는 무엇입니까?

    ① 돌, 물, 나무

    ② 산, 바다, 돌

    ③ 돌, 바람, 여자

    ④ 바람, 불, 여자

2. 제주 흑돼지 삼겹살의 특징은 무엇입니까?

    ① 제주에서만 먹을 수 있다.

    ② 멸치젓을 넣어 끓여 먹는다.

    ③ 숯불에 구워 담백하고 고소하다

    ④ 기름기가 많아서 먹으면 기운이 난다.

3. 제주를 대표하는 떡은 무엇입니까?

MEMO

가: 아들을 유학 보내야 할지 말아야 할지 모르겠어요.

나: **말은 제주로, 사람은 서울로 보내라**고 하잖아요. 고민하지 말고 유학 보내세요.

가: 맞아요. 하지만 혼자 보내려니 걱정돼서요.

나: 유학 가서 **공부하는 김에** 다양한 문화도 배우고 친구도 사귀면 좋을 거예요.

가: 듣고 보니 유학을 보내는 게 맞겠네요.

나: 생각 잘하셨어요.

 ## 속담 및 관용 표현

말은 나면 제주로 보내고 사람은 나면 서울로 보내라

　좋은 환경에서 교육시키고 성장해야 훌륭한 결과가 나온다는 것을 표현하는 속담이다. 사람은 서울 같은 큰 도시에서 배워야 훌륭하게 되고, 말은 풀과 기후가 좋은 제주에서 길러야 한다는 것을 비유한 것이다. 보통 줄여서 '말은 제주로, 사람은 서울로 보내라'라고 한다.

예　　이번에 대기업으로 직장을 옮기려고 해.

　　　잘 생각했네. **말은 제주로, 사람은 서울로 보내라**고 하잖아. 큰 회사에서 경험을 쌓으면 좋지.

※ 위의 속담을 사용하여 친구와 대화를 완성해 보세요.

가: ____

나: ____

가: ____

나: ____

떡갈비

✔ 재료

다진 소고기 200g, 다진 돼지고기 200g, 양파 1/2개, 대파 1/2대, 두부 50g, 달걀 1개
간장 2큰술, 설탕 1큰술, 다진 마늘 1큰술, 참기름 1큰술, 후춧가루 약간, 깨소금 약간

✔ 방법

1. 양파, 대파는 잘게 다지고 두부는 으깨서 물기를 짠다.

2. 다진 고기, 채소, 두부, 달걀, 간장, 설탕, 마늘, 참기름, 후춧가루, 깨소금을 넣고 섞는다.

3. 반죽을 동그랗고 납작하게 빚는다.

4. 팬에 기름을 두르고 중불에서 앞뒤로 노릇하게 굽는다.

5. 잘 익으면 접시에 담는다.

레시피 어휘

- 으깨다
- 노릇하다
- 납작하다

모범 답안

05. 배달 문화

06. 이사 문화

13. 수도권 - 서울

116 【 어휘: 명사 】

1. 일상
2. 만남
3. 수도
4. 특징
5. 연기

【 어휘: 동사/형용사 】

1. 둥근
2. 반복해서
3. 거쳐서
4. 빼놓고
5. 비해서

117 【 문법 】

1. 나이에 비하여/비해서/비하면
2. 학교에 비하여/비해서/비하면
3. 작년에 비하여/비해서/비하면
4. 쓰기에 비하여/비해서/비하면
5. 실력에 비하여/비해서/비하면

119 【 읽기: 서울의 맛, 불고기 】

1. ③
2. ④
3. 수도를 개경에서 한양으로 옮겼다.

14. 수도권 - 수원

124 【 어휘: 명사/부사 】

1. 식욕
2. 본사
3. 첨단 산업
4. 갈비
5. 상

【 어휘: 동사/형용사 】

1. 줄지어
2. 씹어야
3. 재워
4. 익으면
5. 두툼한

125 【 문법 】

1. 읽을 만하다
2. 먹을 만하다
3. 산책할 만하다
4. 풀 만하다
5. 살 만하다

127 【 읽기: 수원 여행의 즐거움, 갈비 】

1. ②
2. ④
3. 조선 정조 시대.

21. 전라도 - 목포

180 【 어휘: 명사 】

　　1. 조절

　　2. 산책로

　　3. 명소

　　4. 등대

　　5. 수산시장

【 어휘: 동사/형용사 】

　　1. 연해서

　　2. 드나드는

　　3. 위치해

　　4. 활기찬

　　5. 뚜렷한

181 【 문법 】

　　1. 날 뻔했다

　　2. 부딪힐 뻔했다

　　3. 늦을 뻔했다

　　4. 울 뻔했다.

　　5. 놓칠 뻔했다

183 【 읽기: 목포, 탕탕이와 홍어삼합 】

　　1. ②

　　2. ④

　　3. 동의보감

22. 전라도 - 전주

188 【 어휘: 명사/부사 】

　　1. 곡물

　　2. 남녀노소

　　3. 궁중

　　4. 문화유산

　　5. 골고루

【 어휘: 동사/형용사 】

　　1. 달군

　　2. 얹으면

　　3. 비벼서

　　4. 섞어서

　　5. 변신했어요

189 【 문법 】

　　1. 맛있기는 하지만

　　2. 좋기는 하지만

　　3. 착하기는 하지만

　　4. 재미있기는 하지만

　　5. 만나기는 했지만

191 【 읽기: K-Food의 대표, 전주비빔밥 】

　　1. ④

　　2. ③

　　3. 마이클 잭슨의 비빔밥 사랑과
　　　 2002년 한일 월드컵

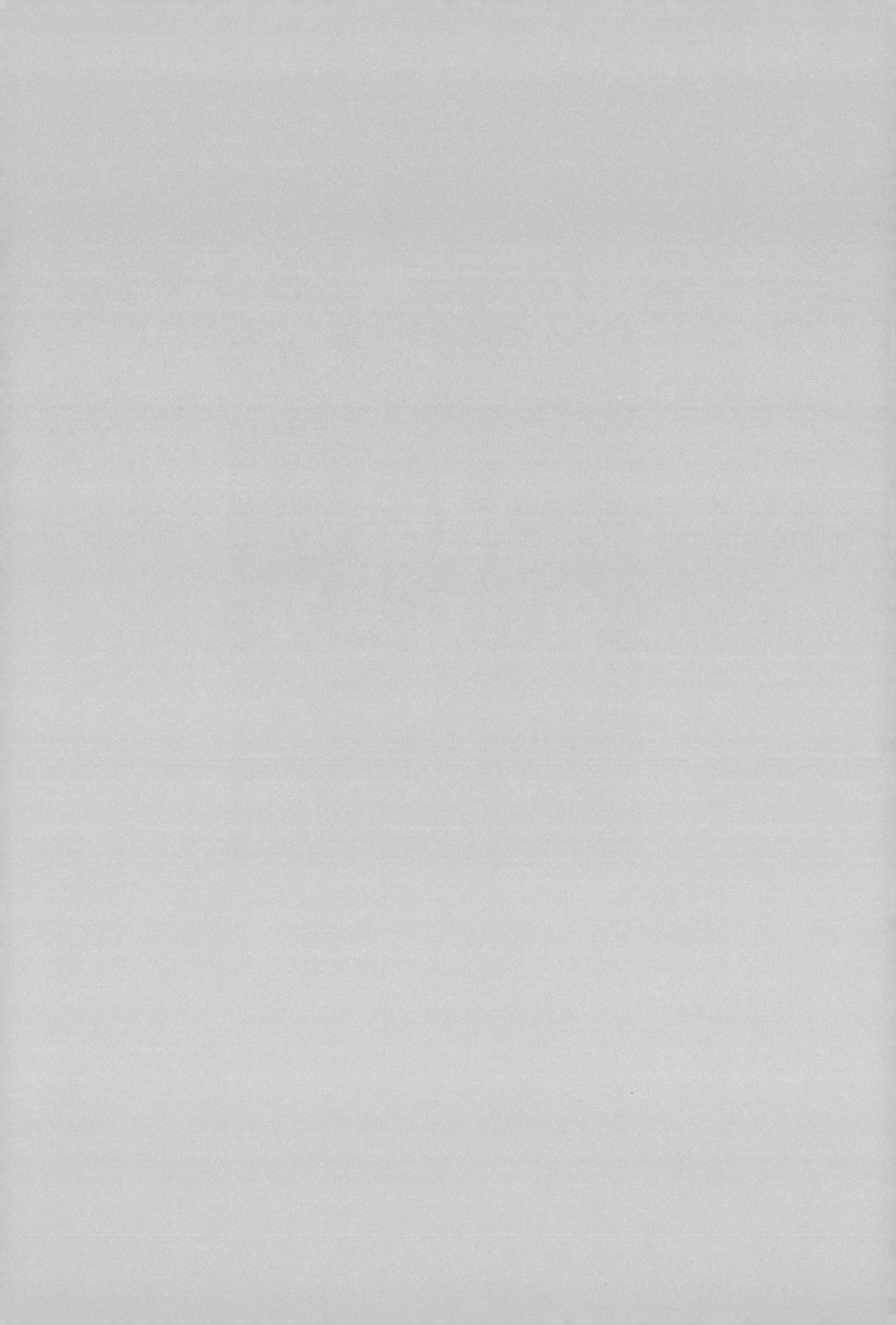

부록
원고지 쓰기

※ 여러분 나라의 **‘식사 예절’**에 대해 소개하는 글을 200~300자 정도로 써 보세요.

100

200

300

※ 여러분 나라의 **'잔치 음식'**에 대해 소개하는 글을 200~300자 정도로 써 보세요.

※ 여러분 나라의 **'음식 배달 문화'**에 대해 소개하는 글을 200~300자 정도로 써 보세요.

※ 여러분 나라의 '**길거리 음식 문화**'에 대해 소개하는 글을 200~300자 정도로 써 보세요.

※ 여러분 나라의 **'계절 음식'**에 대해 소개하는 글을 200~300자 정도로 써 보세요.

※ 여러분 나라의 '**기원을 담은 음식**'에 대해 소개하는 글을 200~300자 정도로 써 보세요.

※ 여러분 나라의 **'수도를 대표하는 음식'**에 대해 소개하는 글을 200~300자 정도로 써 보세요.

※ 여러분 나라의 '닭으로 만든 대표 음식'에 대해 소개하는 글을 200~300자 정도로 써 보세요.

✏️ 쓰기

※ 여러분 나라의 **'전통 술'**에 대해 소개하는 글을 200~300자 정도로 써 보세요.

※ 여러분 나라의 **'대표적인 수출 식품'**에 대해 소개하는 글을 200~300자 정도로 써 보세요.

※ 여러분 나라의 **'향이 강한 음식'**에 대해 소개하는 글을 200~300자 정도로 써 보세요.

※ 여러분 나라의 '**역사적인 인물이 좋아했던 음식**'에 대해 소개하는 글을 200~300자 정도로 써 보세요.